PETITE

GÉOGRAPHIE

A L'USAGE

DES ÉLÈVES DES ÉCOLES RURALES

DE L'YONNE,

PAR

Un Professeur de l'Université.

4e ÉDITION

AUXERRE,
ALBERT GALLOT, LIBRAIRE-ÉDITEUR,
IMPRIMEUR DE LA PRÉFECTURE,
Rue de Paris, 47.

MDCCCLXXVI.

A MESSIEURS LES INSTITUTEURS.

C'est au département de l'Yonne qu'est destiné cet opuscule; c'est surtout aux écoles rurales qu'il s'adresse. L'enseignement de la Géographie pour les enfants des campagnes doit être nécessairement limité, si l'on veut qu'ils en profitent.

Qu'ils aient quelques notions générales des différentes contrées du monde, mais qu'ils sachent, qu'ils connaissent bien ce qui concerne la France et leur département surtout, voilà pour eux l'essentiel. C'est à leur intention qu'a été composé ce petit ouvrage, où ils trouveront ce qu'il leur importe le plus de savoir.

NOTIONS GÉNÉRALES.

La *Géographie* est la description de la terre.

La terre a la forme d'une boule : c'est un globe immense couvert d'eau et de terre.

La *terre,* proprement dite, occupe un peu plus du quart de ce globe et comprend : l'Europe, l'Asie, l'Afrique, l'Amérique et l'Océanie.

L'*eau* ou la *mer* en couvre les trois quarts et contient aussi cinq parties : l'Océan atlantique, la Méditerranée, le grand Océan, la mer des Indes et l'Océan glacial.

Les *points cardinaux* servent à déterminer la position respective des différents points du globe.

Il y en a quatre : le levant, le couchant, le nord et le midi.

Le *levant, est* ou *orient,* est le point où le soleil semble se lever.

Le *couchant, ouest* ou *occident,* est celui où il paraît se coucher.

Le *nord* ou *septentrion* est le point situé à la gauche d'une personne qui regarde le levant.

Le *midi* ou *sud* est celui qui se trouve à la droite de cette même personne.

Les points intermédiaires se nomment encore : *nord-est, nord-ouest, sud-est* et *sud-ouest.*

Les *cartes géographiques* sont des plans qui représentent certaines parties du globe avec la position respective des lieux qui s'y trouvent.

Le nord est en haut de la carte, le midi en bas, l'est à droite, l'ouest à gauche.

Un *continent* est une grande étendue de terre non

interrompue par les mers, et divisée en plusieurs contrées.

Une *contrée* est une certaine portion d'un continent où les habitants vivent sous le même chef.

Un *golfe* est une partie de mer qui s'enfonce dans les terres.

Un *cap* est une pointe de terre qui s'avance dans la mer.

Un *détroit* est une partie de mer resserrée entre deux terres.

Un *lac* est une grande étendue d'eau au milieu des terres ; un petit lac s'appelle *étang*.

Une *île* est une partie de terre entourée d'eau; elle s'appelle *presqu'île*, quand elle tient d'un côté au continent, et ce côté se nomme *isthme*.

Un *fleuve* est un courant d'eau considérable qui aboutit toujours à la mer.

Une *rivière* est un courant d'eau qui se jette dans une autre rivière ou dans un fleuve.

Un *bassin* est une certaine étendue de terre arrosée par un fleuve ou par ses affluents.

La *source* d'une rivière ou d'un fleuve est le lieu où commence son cours, et l'*embouchure*, celui où il finit.

La *droite* ou la *gauche* d'un cours d'eau est le côté placé à la droite ou à la gauche d'une personne qui le descend.

On appelle *confluent* l'endroit où deux cours d'eau se réunissent, et *affluent*, un cours d'eau qui tombe dans un autre plus considérable.

Une *montagne* est une élévation de terre ou de rochers au-dessus de la surface du globe.

Un *volcan* est un gouffre profond ouvert au sommet d'une montagne et d'où s'échappent, par intervalles, des torrents de feu et de matières embrasées.

EUROPE.

L'EUROPE est la partie du monde que nous habitons. Elle s'étend de la mer glaciale, au *nord*, à la Méditerranée, au *sud ;* et de l'Océan atlantique, à l'*ouest*, aux monts Ourals, à l'*est*.

CONTRÉES : elle en contient 15, savoir :

4 au nord :

Les *Iles-Britanniques*, qui renferment l'Angleterre, l'Ecosse et l'Irlande, au nord-ouest;

La *Suède*, qui comprend la Norwége dont elle est séparée par les monts *Dophrines ;*

Le *Danemark*, qui contient l'île de Séeland, le Jutland, les îles de Fionie, de Bornholm, etc.

La *Russie*, qui occupe, du nord au sud, la plus grande partie orientale de l'Europe.

6 au milieu :

La *France*, au sud de l'Angleterre;
La *Belgique*, au nord-est de la France;
La *Hollande*, au nord-est de la Belgique;
La *Suisse*, à l'est de la France;
L'*Empire d'Allemagne* qui comprend, avec la Prusse, la Bavière, la Saxe, le Wurtemberg, le Hanovre, et divers autres états et duchés importants ;
L'*Empire d'Autriche* qui renferme la Bohême, la Moravie, la Hongrie, le Tyrol, la Styrie, l'Illyrie, etc.

5 au sud :

L'*Espagne*, au midi de la France;
Le *Portugal*, à l'ouest de l'Espagne;
L'*Italie*, au sud-est de la France;
La *Turquie*, au sud de l'Autriche;
La *Grèce*, au sud de la Turquie.

Ces contrées, sauf la France et la Suisse qui vivent en république, sont soumises à un gouvernement monarchique.

PRINCIPALES MERS.

Trois grandes mers et plusieurs petites s'étendent sur les côtes de l'Europe, savoir :

La *mer Glaciale*, au nord, qui baigne la Suède, la Norwége et la Russie, où elle forme la *mer Blanche*.

L'*Océan atlantique*, à l'ouest, qui baigne le Portugal, la France, les Iles-Britaniques, et forme la *mer du Nord*, la *mer Baltique* et la Manche.

La *Méditerranée*, au sud, qui baigne la France, l'Espagne, l'Italie, la Turquie, et forme la mer *Adriatique*, l'*Archipel*, la *mer Noire*, etc.

PRINCIPAUX GOLFES.

Le golfe d'*Onéga*, dans la mer Blanche;
Le golfe de *Bothnie*, dans la mer Baltique;
Le golfe de *Gascogne*, dans l'Océan atlantique;
Le golfe du *Lion*, dans la Méditerranée;
Le golfe de *Venise*, dans la mer Adriatique;
Le golfe *Salonique*, dans la mer de l'Archipel.

PRINCIPAUX CAPS.

Le cap *Nord*, situé au nord de la Suède;
Le cap *Matapan*, au sud de la Grèce;
Le cap *La Hogue*, à l'ouest de la France;
Le cap *Saint-Vincent*, au sud du Portugal;
Le cap *Trafalgar*, au sud de l'Espagne.

PRINCIPAUX DÉTROITS.

Le détroit de *Waigatz*, au nord de la Russie;
Le *Cattégat*, le *Sund*, à l'est du Danemark;
Le *Pas-de-Calais*, au nord de la France;
Le détroit de *Messine*, au sud de l'Italie;

Celui de *Gibraltar*, entre l'Europe et l'Afrique,
Celui de *Constantinople*, entre l'Europe et l'Asie.

PRINCIPAUX LACS.

Les lacs *Onéga*, *Ladoga*, en Russie;
Les lacs *Meler*, *Wener*, en Suède;
Les lacs de *Genève*, de *Lucerne*, en Suisse;
Les lacs de *Como*, de *Pérouse*, en Italie;
Les lacs *Balaton*, *Neusiédel*, en Autriche.

PRINCIPALES ILES.

Dans l'*Atlantique*, l'Islande, les Iles-Britanniques comprenant la Grande-Bretagne et l'Irlande;

Dans la *Méditerranée*, les îles Baléares, la Corse, la Sardaigne, la Sicile, l'île de Malte, l'île d'Elbe, etc.

PRINCIPALES PRESQU'ILES.

Dans la *mer du Nord*, la Suède avec la Norwége;

Dans la *Méditerranée*, l'Espagne avec le Portugal, l'Italie, le Péloponèse dans la Grèce.

PRINCIPAUX FLEUVES.

En *Russie*, la Petchora, et la Dwina au nord; le Dniéper, le Dniester, l'Oural et le Volga, au sud;
En *France*, la Loire, la Seine, le Rhône, la Garonne;
En *Angleterre*, la Tamise, la Severn, l'Humber;
En *Prusse*, le Rhin, la Vistule, l'Oder, l'Elbe;
En *Autriche*, le Danube, la Save, la Theiss;
En *Espagne*, le Tage, l'Ebre, la Guadiana;
En *Italie*, le Tibre, l'Arno, le Pô, l'Adige, le Tésin.

PRINCIPALES MONTAGNES.

Les *Dophrines*, entre la Suède et la Norwége;
Les *Alpes*, qui séparent la France de l'Italie;
Les *Pyrénées*, entre la France et l'Espagne;
Les *Apennins*, du nord au sud de l'Italie;
Le *Caucase*, entre l'Europe et l'Asie, au sud.

PRINCIPAUX VOLCANS.

Le *Vésuve*, près de Naples, au sud de l'Italie:
L'*Etna*, dans la Sicile, à l'est de cette île;
L'*Hécla*, dans l'Islande, à l'ouest de la Suède.

VILLES PRINCIPALES DE L'EUROPE.

DANS LES ILES BRITANNIQUES.

Londres, sur la Tamise, capitale de l'Angleterre, la ville la plus grande, la plus peuplée du monde;

Liverpool, excellent port de mer au nord;
Birmingham, ville des plus commerçantes;
Manchester, ville riche et manufacturière;

Edimbourg, capitale de l'Ecosse, pays riche en beaux sites et en beaux monuments d'architecture;

Dublin, capitale de l'Irlande, une des plus importantes et des plus remarquables du royaume.

EN SUÈDE.

Stockolm, capitale, sur le lac Mélar, avec un vaste port, centre du commerce de tout le royaume;

Upsal, ancienne capitale, célèbre par sa cathédrale, sa bibliothèque, son université et son imprimerie;

Christiania, sur le golfe du même nom, capitale de la Norwége, résidence du gouverneur général.

EN DANEMARK.

Copenhague, capitale dans l'île de Séeland, vaste port et monuments remarquables d'architecture;

Elseneur ou *Helsingor* sur le détroit du Sund;
Wiborg, la plus importante du Jutland;
Odensée, capitale de l'île de Fionie.

EN RUSSIE.

Saint-Pétersbourg, capitale, sur la Néva, une des plus belles et des plus grandes villes de l'Europe;

Moscou, sur la Moscova, 2e capitale de la Russie, où se faisait jadis le couronnement des empereurs;

Riga, port, place forte sur le lac de ce nom;

Arckangel, sur la mer blanche, port marchand;

Odessa, sur la mer Noire, ville commerçante;

Astrakan, sur la mer Caspienne, près du Volga.

EN BELGIQUE.

Bruxelles, capitale sur la Senne; on y admire la place Royale, l'Hôtel-de-Ville, les promenades;

Bruges, dont on admire la cathédrale;

Anvers, sur l'Escaut, le 1er port de la Belgique;

Gand, ville d'industrie, la 2e du royaume;

Liége, sur la Meuse, ville manufacturière.

EN HOLLANDE.

Amsterdam, ville la plus considérable du royaume, avec un bon port sur le golfe de Zuiderzée;

La Haye, capitale, jolie ville près de la mer;

Rotterdam, sur la Meuse, 2e ville de Hollande;

Utrecht, connu pour ses velours et ses riches tapis.

EN SUISSE.

Genève, sur le Rhône, ville riche et florissante;

Bâle, sur le Rhin, avec une belle cathédrale;

Berne, ville de commerce et d'industrie;

Lausanne, sur le lac de Genève, site délicieux.

DANS L'EMPIRE D'ALLEMAGNE.

Berlin, capitale, sur la Sprée, ville d'industrie, connue pour ses laines et pour ses belles porcelaines;

Breslaw, sur l'Oder, la 2e ville du royaume;

Dantzik, sur la Vistule, le 1er port de la Prusse;

Cologne, *Munster*, dans la Prusse Rhénane.

Dresde, sur l'Elbe, capitale du royaume de Saxe;

Munich, sur l'Isar, capitale du royaume de Bavière;

Hanovre, capitale du royaume de Hanovre;

Stuttgard, capitale du royaume de Wurtemberg;

Carslruhe, capitale du grand duché de Bade;

Darmstadt, capitale du duché de ce nom.

DANS L'EMPIRE D'AUTRICHE.

Vienne, sur le Danube, capitale, une des plus belles villes de l'Europe ; magnifique cathédrale ;

Bude, *Pesth*, principales villes de la Hongrie ;
Prague, sur la Moldau, capitale de la Bohême ;
Brun, capitale de la Moravie, ville manufacturière.

EN ESPAGNE.

Madrid, capitale, sur le Mançanarès, avec de beaux monuments, de belles promenades et de vastes places ;

Barcelone, la deuxième ville de l'Espagne ;
Valence, ville de commerce et d'industrie ;
Séville, une des plus jolies villes de l'Europe ;
Saragosse, sur l'Èbre, ville très-forte.

EN PORTUGAL.

Lisbonne, capitale, à l'embouchure du Tage, avec un des plus beaux ports de l'Europe ; belles églises ;

Porto, sur le Douro, la 2e ville du royaume ;
Bragance, remarquable par ses soieries.

EN ITALIE.

Rome, cap. sur le Tibre, siége du Souverain-Pontife ;
Florence, sur l'Arno, riche en beaux monuments ;
Turin, sur le Pô, ancienne capitale des états Sardes ;
Milan, où l'on admire de superbes églises ;
Naples, la plus grande ville de l'Italie ;
Venise, une des plus belles villes de l'Europe.

EN TURQUIE.

Constantinople, capitale, sur la mer Noire, bâtie par Constantin, sur l'emplacement de l'ancienne Byzance ;

Andrinople, ancienne capitale, 2e ville de l'Empire ;
Salonique, bon port sur le golfe de ce nom.

EN GRÈCE.

Athènes, capitale, ville jadis très-célèbre qui renferme de très-beaux monuments d'antiquité ;

Nauplie, ancienne capitale, ville bien fortifiée ;
Argos, *Corinthe*, villes autrefois fameuses.

ASIE.

L'Asie est située à l'est de l'Europe, dont elle est séparée par les monts Ourals, par la mer Caspienne, et par la mer Noire au sud.

Elle s'étend du *nord* au *sud*, entre l'Océan glacial et la mer des Indes; et, de l'*est* à l'*ouest*, entre le grand Océan et la mer Rouge.

Contrées : elle en renferme 11, savoir :

1 au Nord :

La *Sibérie*, ou Russie d'Asie, qui s'étend de l'Océan glacial, au nord, à la chaîne du mont Altaï, au sud.

3 à l'Ouest :

Le *Turkestan*, au sud-ouest de la Sibérie;
La *Turquie* d'Asie, au sud de la mer Noire;
L'*Arabie*, comprise entre la mer rouge et le golfe Persique, au sud de la Turquie et de la Méditerranée.

3 au centre :

La *Perse*, au sud de la mer Caspienne;
L'*Afganistan*, au sud du Turkestan;
Le *Beloutchistan*, au sud de la Perse.

2 à l'Est :

L'empire *Chinois*, qui s'étend du centre à l'est.
L'empire du *Japon*, formé de plusieurs îles.

2 au sud :

L'*Indoustan*, qui forme une grande presqu'île où l'Angleterre a d'immenses possessions;
L'*Indo-Chine*, divisée en plusieurs Etats importants soumis à des souverains indépendants.

PRINCIPALES MERS.

L'*Océan glacial*, au nord, qui baigne la Sibérie;

Le *grand Océan*, à l'est, qui forme les mers de la Chine, du Japon, d'Ochosk, de Behring, etc.

La *mer des Indes*, au sud, qui forme la mer Rouge.

PRINCIPAUX GOLFES.

Le golfe *Arabique* ou mer Rouge, au sud-ouest ;
Le golfe *Persique*, entre la Perse et l'Arabie ;
Le golfe du *Bengale*, au sud de l'Indoustan ;
Le golfe de *Siam*, au sud de l'Indo-Chine.

PRINCIPAUX CAPS.

Le cap *Oriental*, au nord-est de la Sibérie ;
Le cap *Comorin*, au sud de l'Indoustan ;
Le cap *Camboge*, au sud de l'Indo-Chine ;
Le cap *Rasalgate*, au sud de l'Arabie.

PRINCIPAUX DÉTROITS.

Le détroit de *Béhring*, au nord-est, qui sépare l'Asie de l'Amérique, tout près du cap oriental ;

Le détroit de *Malacca*, au sud de la presqu'île de ce nom, qui sépare l'Asie de l'Océanie ;

Le détroit de *Babel-Mandeb*, qui sépare l'Asie de l'Afrique, entrela mer des Indes et la mer Rouge.

PRINCIPAUX LACS.

Le lac *Baïkal*, au sud-est de la Sibérie ;
Le lac d'*Aral*, ou mer d'Aral, en Turkestan ;
Le lac *Asphaltite*, ou mer morte en Turquie ;
Le lac *Koukounoor*, dans l'empire chinois.

PRINCIPALES ILES.

Les *Laquedives*, les *Maldives* au sud-ouest ;
L'île *Ceylan*, au sud de l'Indoustan ;
Les îles *Andaman*, dans le golfe du Bengale ;
L'île *Haïnam* dans la mer de la Chine ;
L'île *Formose*, à l'est de l'empire chinois.

PRINCIPALES PRESQU'ILES.

L'*Anatolie*, partie de la Turquie à l'ouest ;
L'*Arabie*, où se trouve l'isthme de Suez ;
L'*Indoustan*, baigné par la mer des Indes ;
L'*Indo-Chine*, avec la presqu'île de *Malacca*.

PRINCIPAUX FLEUVES.

L'*Obi*, l'*Oural* qui arrosent la Sibérie;
Le *Tigre*, l'*Euphrate*, qui baignent la Turquie;
L'*Indus*, le *Gange*, à l'ouest de l'Indoustan;
L'*Amour* ou *Saghalien*, dans l'empire chinois.

PRINCIPALES MONTAGNES.

Les monts *Altaï*, au sud de la Sibérie;
Les monts *Himalaïa*, au nord de l'Indoustan;
Les monts *Gattes*, au sud de cette contrée;
Le *Liban*, le *Taurus*, dans la Turquie d'Asie.

VILLES PRINCIPALES.

EN SIBÉRIE.

Tobolsk, capitale de la Sibérie occidentale; grand commerce de cuirs et de pelleteries très-recherchées;

Tomsk, où se fabriquent des cuirs renommés;

Irbousk, capitale de la Sibérie orientale; vaste entrepôt de commerce entre la Russie et la Chine.

DANS LE TURKESTAN OU TARTARIE.

Boukhara, ville commerçante, qui fabrique quantité de papiers et d'étoffes de soie et de coton;

Samarkand, où est le tombeau de Tamerlan, fameux guerrier qui conquit l'Asie au XIVe siècle.

EN TURQUIE.

Smyrne, ville riche et florissante, fameuse par son commerce et son excellent port de mer;

Damas, une des plus considérables de Turquie;
Antioche, *Alep*, villes célèbres de l'ancienne Syrie;

Jérusalem, jadis capitale de la Judée, où se sont accomplis les miracles de la vie de N. S. J.-C.

EN ARABIE.

La Mecque, sur la mer Rouge, patrie de Mahomet, ville sacrée des Arabes qui professent sa religion;

Médine, où les Mahométans viennent en pélerinage visiter le tombeau de ce faux prophète;

Masçate, sur le golfe d'Oman, bon port de mer;

Moka, sur la mer Rouge, connue pour son café.

EN PERSE.

Téhéran, capitale du royaume, ville insalubre et presque inhabitable pendant les chaleurs de l'été;

Ispahan, ancienne capitale, où l'on fabrique différents ouvrages de soie et de coton;

Tauris, remarquable par ses manufactures.

DANS L'AFGHANISTAN.

Caboul, capitale, dans un pays fertile, centre d'un commerce actif entre l'Inde et la Perse;

Kandahar, fondée, dit-on, par Alexandre-le-Grand;

Hérat, capitale dépendant d'un Etat de la Perse.

DANS LE BELOUCHISTAN.

Kélat, ville forte, résidence d'un souverain puissant qui domine sur la plus grande partie de la contrée;

Gundava, qui passe pour la plus importante;

Béla, au sud-est, située sur un rocher très-escarpé.

EN CHINE.

Pékin, capitale, une des plus peuplées du monde, célèbre par ses beaux monuments, ses riches palais;

Nankin, ville savante et industrieuse, où l'on voit une tour de porcelaine haute de 65 mètres;

Canton, port au sud-est, ouvert aux Européens, le plus commerçant, le plus fréquenté de l'empire.

DANS LE JAPON.

Yédo, capitale dans l'île Niphon, ville immense où l'on admire le magnifique palais de l'empereur;

Miaco, résidence du chef spirituel de l'empire, ville savante et sacrée pour les Japonais;

Matzmaï, capitale de l'île d'Yéso, au nord;

Nangasaki, capitale de l'île de Kiousion, au midi.

DANS L'INDOUSTAN.

Cachemire, qui a donné son nom aux tissus qu'on y fabrique avec la laine des chèvres du Thibet;

Calcutta, sur le golfe du Bengale, cité immense, une des plus importantes de l'Indoustan;

Bombay, à l'ouest, dans l'île de ce nom, ville des plus riches et des plus florissantes, la 2e de l'Indoustan;

Madras, où se fabriquent beaucoup de tissus de soie et de coton dont on fait un grand commerce;

Pondichéry, capitale de l'Inde française;
Goa, centre des possessions des Portugais.

DANS L'INDO-CHINE.

Djorhat, capitale du royaume d'Assam, à l'ouest;
Ava, sur l'Irrouady, capitale de l'empire birman;
Hué, capitale de l'empire d'Annam, en Cochinchine;
Saïgon, nouvelle possession française;
Bankok, capitale du royaume de Siam;
Malacca, capitale de la presqu'île de ce nom.

AFRIQUE.

L'Afrique est une immense presqu'île qui tient à l'Asie par l'isthme de *Suez,* et qui est comprise entre la Méditerranée au *nord,* l'Océan Atlantique à l'*ouest,* et la mer des Indes à l'*est.*

Contrées : on en compte 16 principales.

1 au Nord :

La *Barbarie*, qui comprend l'empire du Maroc, l'Algérie, les régences de Tunis, de Tripoli.

7 à l'Est :

L'*Egypte,* la Nubie, l'Abyssinie, la côte d'Ajan, le Zanguebar, le Mozambique et le Monomotapa.

3 à l'Ouest :

La *Sénégambie,* la Guinée septentrionale, la Guinée méridionale, situées sur la côte, du nord au sud;

2 au Centre :

La *Nigritie* ou *Soudan*, le *Sahara* ou grand désert.

3 au Sud :

Le gouvernement du *Cap*, colonie anglaise ;
La *Cafrerie* et le pays des Hottentots.

PRINCIPAUX GOLFES.

Les golfes de *Tunis*, de *Sidre*, en Barbarie ;
Le golfe de *Guinée*, dans l'Océan Atlantique ;
Le golfe d'*Aden*, à l'est, dans la mer des Indes.

PRINCIPAUX CAPS.

Les caps *Bon*, *Ceuta*, dans la Méditerranée ;
Les caps *Blanc*, *Vert*, dans l'Océan Atlantique ;
Le cap de *Bonne-Espérance*, dans l'Océan, au sud ;
Le cap *Guardafui*, dans la mer des Indes, à l'est.

PRINCIPAUX LACS.

Le lac *Kéroun*, ancien lac Mœris, en Egypte ;
Le lac *Dembéa*, situé dans l'Abyssinie ;
Le lac *Tchad*, au centre de la Nigritie ;
Le lac *Maravi*, au nord de la Mozambique.

PRINCIPALES ILES.

L'île de *Madagascar*, dans la mer des Indes :
L'île de la *Réunion*, cap. Saint-Denis, à la France ;
Les îles *Açores*, *Madère*, au nord-ouest ;
Les îles *Canaries*, où est le pic de *Ténériffe*.

PRINCIPAUX FLEUVES.

Le *Nil*, qui baigne la Nubie et l'Egypte ;
Le *Niger*, qui coule à l'ouest de la Nigritie ;
Le *Sénégal*, qui arrose la Sénégambie ;
Le *Zaïre*, dans la Guinée méridionale ;
Le *Zambèze*, au sud-est du Mozambique.

PRINCIPALES MONTAGNES.

Le mont *Atlas*, au nord-ouest de la Barbarie ;
Les monts de *la Lune*, au centre de la Nigritie ;
Les monts *Lupata*, à l'ouest du Mozambique.

PRINCIPALES VILLES.

Au Nord :

Maroc, capitale de l'empire du Maroc, dont le souverain réside ordinairement à *Méquinez ;*

Alger, port de mer, capitale de l'Algérie, colonie française, résidence du gouverneur général ;

Constantine, chef-lieu de la province de ce nom ;

Oran, chef-lieu de la province d'Oran ;

Tunis, capitale de la régence de ce nom ;

Tripoli, capitale de la régence, port de mer.

A l'Est :

Le *Caire*, sur le Nil, ville capitale de l'Egypte ;

Alexandrie, au nord, bon port sur la Méditerranée;

Sennaar, ville principale de la Nubie ;

Gondar, ville principale de l'Abyssinie ;

Melinde, *Quiloa*, capitales des royaumes du même nom, situées sur la côte dans le Zanguebar ;

Sofala, *Mozambique*, principales villes du Mozambique. Ces villes appartiennent aux Portugais ;

Zimbaoé, ville importante du Monomotapa.

A l'Ouest :

Saint-Louis, ville principale de l'île de ce nom, appartenant aux Français, en Sénégambie ;

Abomey, dans la Guinée septentrionale, capitale du royaume de Dahomey, ville importante ;

San-Salvador, dans la Guinée méridionale, capitale du Congo, tributaire des Portugais.

Au Centre :

Tombouctou, sur le Niger, capitale d'un royaume de ce nom dans la Nigritie, au milieu des sables ;

Bornou, près du lac Tchad, capitale de l'empire du même nom, situé dans la Nigritie :

Kobbé, capitale du Darfour, même contrée, située au milieu d'immenses forêts encore peu connues ;

Aghably, *Aghadès*, capitales des deux états principaux du grand désert de Sahara.

Au Sud :

Le Cap et *Constance*, dans la colonie du Cap; ces villes sont renommées pour leurs bons vins.

La Cafrerie et le pays des Hottentots sont habités par des tribus nomades, par des peuples presque sauvages qui ne possèdent que quelques bourgades.

AMÉRIQUE.

L'AMÉRIQUE forme deux immenses presqu'îles comprises entre l'Océan glacial au *nord*, l'Océan atlantique à l'*est*, et le grand Océan à l'*ouest*.

Ces deux presqu'îles, l'une septentrionale, l'autre méridionale, sont unies par l'isthme de Panama.

AMÉRIQUE SEPTENTRIONALE.

Elle se divise en six CONTRÉES principales :

L'*Amérique russe*, au nord-ouest, séparée de l'Asie par le détroit de Béhring ; pays froid et peu habité;

Le *Groënland*, au nord-est, île considérable où les Anglais et les Danois ont quelques possessions ;

La *Nouvelle-Bretagne*, au nord, divisée en plusieurs Etats soumis en grande partie aux Anglais ;

Les *Etats-Unis*, au centre, qui formaient jadis une république riche et florissante, aujourd'hui divisés ;

Le *Mexique*, au sud-ouest, qui renferme la vieille Californie, célèbre par ses riches mines d'or ;

Le *Guatémala*, ou Amérique centrale, au sud, divisée en cinq Etats unis formant une république.

PRINCIPAUX GOLFES.

Le golfe du *Mexique*, entre les deux Amériques;
Le golfe de *Californie*, à l'ouest du Mexique ;
Le golfe d'*Hudson*, ou mer de ce nom au nord.

PRINCIPAUX CAPS.

Le cap *Farewel*, au sud de Groënland;
Le cap *Cod*, au nord des Etats-Unis;
Le cap *Saint-Lucas*, au sud de la Californie.

PRINCIPAUX DÉTROITS.

Le détroit de *Davis*, au N.-E. de la Nouv.-Bretagne;
Le détroit d'*Hudson*, près du golfe de ce nom;
Le détroit de Bahama, au sud des Etats-Unis.

PRINCIPAUX LACS.

Les lacs *Michigan, Huron*, dans les Etats-Unis;
Erié, Ontario, d'où sort le fleuve Saint-Laurent;
Le lac *Supérieur*, le plus considérable de tous.

PRINCIPALES ILES.

Les *grandes Antilles*, qui renferment les quatre grandes îles de Cuba, Haïti, Porto-Rico, la Jamaïque.

Les *petites Antilles*, où la France possède la Martinique, la Guadeloupe, la Désirade, les Saintes;

L'archipel de *Terre-Neuve*, au nord-est;

Les îles *Lucayes* ou *Bahama*, au sud des Etats-Unis.

PRINCIPAUX FLEUVES.

Le *Mackensie*, qui arrose la Nouvelle-Bretagne;
Le *Rio-del-Norte*, qui coule dans le Mexique;
Le *Mississipi*, qui baigne les Etats-Unis;
Le *Saint-Laurent*, qui forme un lac immense.

PRINCIPALES MONTAGNES.

Les monts *Rocheux*, qui s'étendent, à l'ouest, de l'Amérique russe à l'Amérique centrale, sous le nom de *Andes du Mexique, chaîne du Guatémala*.

PRINCIPALES VILLES.

La *Nouvelle Arkangel*, capitale de l'Amérique russe, située dans l'île de Sitka, bon port de mer;

Julianashaab, sur les côtes du Groënland, principal établissement Danois, près du cap Farewel;

Québec, dans la Nouvelle-Bretagne, capitale du Canada, résidence du gouverneur général ;

Washington, dans les Etats-Unis, résidence du président de la République et siége du congrès ;

New-York, la plus importante de ces Etats par sa population et son commerce, vaste port sur l'Océan ;

Mexico, capitale du Mexique, célèbre par sa richesse, son industrie et par son commerce ;

Vera-Crux, ville jadis fameuse de cette contrée, sur le golfe du Mexique, climat insalubre ;

La Paz, principale ville de la vieille Californie ;

San-Salvador, capitale de tout le Guatémala ;

La Havane, capitale de l'île de Cuba ;

Port-au-Prince, capitale de l'île de Haïti ;

Spanish-Town, capitale de la Jamaïque ;

St-Jean de Porto-Rico, capitale de l'île de ce nom.

AMÉRIQUE MÉRIDIONALE.

Elle se divise en dix Contrées principales :

La *Colombie*, qui forme les républiques de Vénézuéla, de la Nouvelle-Grenade, de l'Equateur ;

La *Guyane*, au nord-est, divisée en trois parties appartenant à la France, à l'Angleterre, à la Hollande ;

Le *Brésil*, vaste empire qui s'étend du centre à l'est, et du nord au sud-est de l'Amérique méridionale ;

Le *Pérou*, le *Haut-Pérou* ou Bolivia à l'ouest ;

La *Plata*, le *Chili*, au sud de Haut-Pérou ;

Le *Paraguay*, l'*Uruguay*, au sud du Brésil ;

La *Patagonie*, au midi, pays très-peu connu.

PRINCIPAUX GOLFES.

Le golfe de *Panama*, près de l'isthme de ce nom ;

Le golfe de *Darien*, au nord de la Colombie ;

Le golfe de *Guaïteca*, au sud de Chili ;

Le golfe *Saint-Georges*, à l'est de la Patagonie.

PRINCIPAUX CAPS.

Le cap *Saint-Roch*, à l'est de l'empire du Brésil ;
Le cap *Froward*, au sud de la Patagonie ;
Le cap *Horn*, au sud de la Terre-de-Feu.

PRINCIPAUX DÉTROITS.

Le détroit de *Magellan*, au sud de l'Amérique, entre la Patagonie et la Terre-de-Feu ;

Le détroit de *Lemaire*, qui sépare la Terre-de-Feu de l'Ile des Etats, à la pointe sud de l'Amérique.

PRINCIPAUX LACS.

Le lac *Maracaïbo*, au nord de la Colombie ;
Le lac *Los Patos*, au sud du Brésil ;
Le lac *Titicaca*, entre le Pérou et la Bolivia.

PRINCIPALES ILES.

Les îles *Malouines* ou Falkand, situées au sud ;

Les îles *Magellan* ou Terre-de-Feu, comprenant l'île *Horn* terminée par le cap de ce nom, au sud.

PRINCIPAUX FLEUVES.

L'*Orénoque*, qui coule dans la Colombie ;
Le fleuve des *Amazones*, dans le Brésil, à l'est ;
Le *Rio de la Plata*, dans les Etats de ce nom.

PRINCIPALES MONTAGNES.

La *Cordillière des Andes*, qui traverse la Colombie, le Pérou, le Chili, la Patagonie, et qui renferme le *Chimboraço*, et l'*Antizana* dans la Colombie ;

La *Grande Cordillière*, au centre du Brésil.

PRINCIPAUX VOLCANS.

La *Pichincha*, au sud de la Colombie ;
Le *Cotopaxi*, dans la même province ;
L'*Aréquipa*, dans la Cordillière du Pérou.

PRINCIPALES VILLES.

Caracas, en Colombie, capitale du Vénézuéla;
Santa-Fé-de-Bogota, capit. de la Nouvelle-Grenade;
Quito, capitale de la république de l'Equateur;
Cayenne, capitale de la Guyane française;
Stabrock, capitale de la Guyane anglaise;
Paramaribo, capitale de la Guyane hollandaise;
Rio-de-Janeiro, capitale de l'empire du Brésil;
Lima, capitale du Pérou, riches mines d'or;
Chuquisaca, capitale de la Bolivia, Haut-Pérou;
Potosi, connue pour ses riches mines d'argent;
Buenos-Ayres, capitale de la république de la Plata;
Santiago, capitale du Chili, ville florissante;
L'*Assomption*, capitale du Paraguay;
Monte-Video, capitale de l'Uuraguay;

La *Patagonie* ne renferme pas de villes remarquables. Les habitants y sont grands, robustes; le climat y est froid, le sol très-aride et très-mal cultivé.

OCÉANIE.

L'OCÉANIE est une réunion considérable d'îles, d'archipels situés dans le grand Océan, entre l'Amérique et l'Asie.

Elle se divise en quatre parties principales :

La *Malaisie*, à l'ouest; — la *Malanaisie*, au sud;
La *Polynésie*, à l'est; — la *Micronésie*, au nord.

MALAISIE.

La *Malaisie*, appelée aussi *Notasie*, se compose de trois archipels principaux, savoir :

1° Les îles de la *Sonde, qui comprennent* :

L'île *Java*, ville principale, Batavia;

L'île *Sumatra*, ville principale, Achem;
L'île *Bornéo*, avec une capitale de ce nom;

2° Les îles de *Philippines*, comprenant :

L'île *Luçon*, capitale Manille, ville très-peuplée;
L'île *Mindanao*, avec une capitale de ce nom;

3° Les *Moluques*, dont les principales sont :

Les îles *Amboine*, *Banda*, *Bourou*, *Giloto;*
L'île *Célèbes*, une des plus considérables.

MÉLANAISIE.

La *Mélanaisie*, nommée aussi Australie, renferme des îles considérables, dont les principales sont :

L'*Australie* ou Nouvelle-Hollande, île immense, presque aussi grande que l'Europe;

L'île de *Diémen* ou Tasmanie, au sud de la précédente, dont elle est séparée par le détroit de *Bass;*

La *Nouvelle Guinée*, au nord de l'Australie, dont elle est séparée par le détroit de *Torrès;*

POLYNÉSIE.

Les principales îles de la Polynésie sont :

La *Nouvelle Zélande*, qui se compose de deux grandes îles séparées par le détroit de *Cook;*

L'archipel des îles *Marquises*, dont la plus importante est celle de *Nouka-Hiva*, à l'est;

L'archipel des îles de *Taïti* ou de la Société, où la France possède des établissements;

L'archipel des îles *Pomotou*, îles Basses ou Archipel dangereux, à l'est. Ces îles sont très-peuplées.

MICRONÉSIE.

Les principales îles de la *Micronésie* sont :
Les îles *Carolines* ou Nouvelles Philippines, au sud;

Les îles *Mariannes* ou des Larrons, au centre ;
L'archipel *Magellan* ou îles Mounin-Sima ;
L'archipel *Anson* ou îles Marshall, à l'est.

FRANCE.

BORNES. La France a pour bornes :

La Manche, la Belgique, *au nord ;*
La Méditerranée, les Pyrénées, *au sud ;*
Le Rhin, la Suisse, les Alpes, *à l'est ;*
L'Océan atlantique, *à l'ouest.*

DIVISION ADMINISTRATIVE. Ce pays, qui a plus de 36 millions d'habitants, se divise en 87 départements qui prennent leurs noms des fleuves ou des rivières qui les arrosent, des montagnes qui s'y trouvent ou de la position qu'ils occupent.

DIVISION PHYSIQUE. Les chaînes de montagnes qui déterminent la direction des cours d'eau partagent la France en *quatre versants*, ceux de la Manche, de l'Océan atlantique, de la Méditerranée et de la mer du Nord. Ces versants comprennent *cinq grands bassins* principaux renfermant les cinq grands fleuves qui tombent dans ces quatre mers.

MONTAGNES. La France est traversée de l'est au sud-ouest par une chaîne de montagnes qui va des Alpes aux Pyrénées, et où l'on distingue :

Les monts Faucilles, le plateau de Langres, les monts de la Côte-d'Or, les Cévennes, les monts Corbières formant avec les Alpes le bassin du Rhône.

De cette chaîne se détachent, dans la direction du nord-ouest, à partir du midi :

Les monts de la Margeride, d'Auvergne, les monts Dores, Odouse, Jargeau, qui limitent du côté du nord le bassin de la Garonne.

Les monts du Morvan, le plateau d'Orléans, les collines de Normandie, au nord du bassin de la Loire ;

Les chaînes de l'Argonne et des Ardennes, qui bornent au nord-est le bassin de la Seine;

Le mont Jura et les Vosges, qui déterminent au nord-ouest les bassins du Rhin et de la Meuse.

Fleuves et affluents. Les principaux sont :

La Seine, qui sort du département de la Côte-d'Or, traverse ceux de l'Aube, de Seine-et-Marne, de la Seine, de Seine-et-Oise, de l'Eure, de la Seine-Inférieure, et tombe dans la Manche au Havre-de-Grâce. Elle reçoit :

L'Aube, la Marne et l'Oise, *à droite ;*
L'Yonne, le Loing et l'Eure, *à gauche*;

La *Loire*, qui prend sa source dans l'Ardèche, au mont Gerbier-des-Joncs, traverse la Haute-Loire, la Loire, sépare l'Allier de Saône-et-Loire, la Nièvre du Cher, arrose le Loiret, le Loir-et-Cher, l'Indre-et-Loire, le Maine-et-Loire, la Loire-Inférieure et se jette dans l'Océan près de Paimbeuf.

Ses principaux affluents sont :

La Nièvre, le Maine formé par la réunion du Loir, de la Sarthe, de la Mayenne, *à droite ;*

L'Allier, le Loiret, le Cher, l'Indre, la Vienne grossie de la Creuse et la Sèvre nantaise, *à gauche;*

La Garonne, qui sort du Val-d'Aran dans les Pyrénées, arrose la Haute-Garonne, le Tarn-et-Garonne, le Lot-et-Garonne et la *Gironde*, où elle prend ce nom au bec d'Ambez après avoir reçu la Dordogne, et se jette dans l'Océan atlantique.

Ses principaux affluents sont : *à gauche,* le Gers ; *à droite,* l'Ariége, le Tarn grossi de l'Aveyron, le Lot, la Dordogne grossie de l'Isle et de la Corrèze.

Le Rhône, qui sort de la Suisse, sépare l'Ain de l'Isère, baigne les départements du Rhône, de l'Ardèche, de la Drôme, de Vaucluse, du Gard, des Bouches-du-

Rhône, et tombe dans la Méditerranée au golfe de Lion. Il reçoit, *à droite :*

L'Ain, la Saône grossie du Doubs, l'Ardèche;
A gauche, l'Isère, la Drôme et la Durance.

La Meuse, qui a sa source au plateau de Langres, baigne les départements de la Haute-Marne, des Vosges, de la Meuse, des Ardennes, traverse la Belgique et va se perdre en Hollande avec le Rhin dans la mer du Nord, où elle arrive par six embouchures.

La Moselle qui sort des Vosges reçoit *la Meurthe* et se jette dans le Rhin en Prusse près de Coblentz. Ces deux rivières ont donné leur nom au département formé des débris de la Lorraine : *Meurthe-et-Moselle.*

Canaux. La plupart de ces fleuves communiquent ensemble par des canaux qui joignent leurs bassins, et dont les principaux sont :

Le canal du *Centre*, qui unit la Loire au Rhône par la Saône, affluent de ce dernier fleuve. Ce canal, tout entier dans le département de Saône-et-Loire, commence à Châlons-sur-Saône et débouche à Digoin dans la Loire, faisant ainsi communiquer la Méditerranée avec l'Océan atlantique.

Le canal de *Briare*, qui unit la Loire à la Seine; il commence à *Briare*, Loiret, passe à *Montargis*, où il communique avec le canal d'*Orléans;* et de Montargis il se confond avec le canal du *Loing* qui aboutit à la Seine, près de Moret, Seine-et-Marne.

Le canal de *Bourgogne*, qui joint le Rhône à la Seine, au moyen de la Saône et de l'Yonne; il s'ouvre dans la Saône à *Saint-Jean-de-Losne*, Côte-d'Or, et vient déboucher dans l'Yonne à *Laroche*, non loin de Joigny; il fait ainsi communiquer la Méditerranée avec la Manche.

Le canal du *Rhône au Rhin*, qui joint ces deux fleuves à l'aide de la Saône et du Doubs. Il commence à la

Saône à *Saint-Symphorien,* près de Saint-Jean-de-Losne, passe à *Dôle* dans le Jura, traverse le département du Doubs, confondu avec cette rivière, puis l'Alsace et aboutit au Rhin par la rivière de l'Ill, faisant communiquer la mer Méditerranée avec la mer du Nord.

Le canal du *Languedoc* ou du *Midi*, qui fait communiquer l'Océan Atlantique avec la Méditerranée, au moyen de la Garonne; il commence un peu au-dessous de *Toulouse*, traverse le département de l'Aude et aboutit à l'étang de Thau, près d'Agde, dans le département de l'Hérault.

Chemins de fer. Les principaux, à partir de Paris, sont :

Le chemin de fer du *Nord* :

Il passe à Creil, à Clermont, *Oise;* à Amiens, *Somme;* à Arras, *Pas-de-Calais;* enfin à Douai, *Nord;* d'où part un embranchement qui rejoint, par Valenciennes, la ligne de la Belgique.

De Douai il va à Lille et se prolonge jusqu'à Hazebrouck, d'où il se bifurque d'un côté sur Calais, de l'autre sur Dunkerque.

Le chemin de fer de *Rouen et du Hâvre :*

Il passe à Mantes, *Seine-et-Oise ;* à Vernon, *Eure ;* à Rouen, *Seine-Inférieure* ; d'où il se poursuit par Yvetot, jusqu'au Hâvre, après s'être bifurqué sur Dieppe à Malaunay.

De Mantes part un embranchement qui va jusqu'à Cherbourg, *Manche,* en passant par Evreux, *Eure,* et par Caen, *Calvados.*

Le chemin de fer de *Strasbourg :*

Il passe à Meaux, *Seine-et-Marne ;* à Château-Thierry, *Aisne ;* à Châlons, *Marne ;* à Bar-le-Duc, *Meuse ;* à Nancy, *Meurthe ;* d'où, après s'être bifurqué sur Metz, il arrive à Strasbourg, *Alsace.*

Le chemin de fer de *Mulhouse :*

Il dessert Gretz, *Seine-et-Marne;* Troyes, *Aube;*

Chaumont, *Haute-Marne;* Vesoul, *Haute-Saône;* enfin Mulhouse, d'où il se bifurque d'un côté sur Strasbourg, par Colmar, de l'autre sur *Bâle en Suisse.*

Le chemin de fer de la *Méditerranée :*

Il dessert Melun, *Seine-et-Marne;* Sens, *Yonne,* avec embranchement sur Auxerre, à Laroche; Dijon, *Côte-d'Or ;* Mâcon, *Saone-et-Loire ;* Trévoux, *Ain ;* enfin Lyon, *Rhône ;* de là il se continue par Vienne, *Isère ;* Valence, *Drôme ;* Avignon, *Vaucluse,* jusqu'à Marseille, d'où il se dirige sur Toulon et sur Nice.

Le chemin de fer de l'*Ouest :*

Il dessert Versailles, *Seine-et-Oise*; Chartres, *Eure-et-Loir ;* Le Mans, *Sarthe,* d'où il se bifurque sur la ligne de Cherbourg par Alençon, *Orne.* — Il se poursuit par Laval, *Mayenne ;* Rennes, *Ille-et-Vilaine ;* Saint-Brieuc, *Côtes-du-Nord;* d'où il se prolonge jusqu'à Brest, *Finistère.*

Le chemin de fer d'*Orléans :*

Ce chemin se dirige par Etampes, *Seine-et Oise ;* sur Orléans, *Loiret,* où il se divise en deux lignes importantes, celle d'Orléans à Bordeaux, et celle du Centre, qui ont aussi divers embranchements.

Ligne d'Orléans à *Bordeaux :*

Cette ligne dessert Blois, *Loir-et-Cher ;* Tours, *Indre-et-Loire ;* Poitiers, *Vienne;* Angoulême, *Charente;* enfin elle arrive à Bordeaux, *Gironde,* d'où elle se prolonge jusqu'à Bayonne, *Basses-Pyrénées,* avec embranchements sur la Teste, puis sur Tarbes, *Hautes-Pyrénées,* par Mont-de-Marsan, *Landes.*

Deux embranchements principaux s'y rattachent : l'un va de Tours à Nantes, *Loire-Inférieure,* par Angers, *Maine-et-Loire ;* l'autre va de Poitiers à La Rochelle, *Charente-Inférieure,* par Niort, département des *Deux-Sèvres.*

Ligne du *Centre :*

Cette ligne fait suite à celle d'Orléans, passe à Vierzon, *Cher*, se continue par Châteauroux, *Indre ;* par la Souterraine, *Creuse;* par Limoges, *Haute-Vienne ;* par Périgueux, *Dordogne ;* par Agen, *Lot-et-Garonne.* D'où elle se prolonge jusqu'à Auch, *Gers*, avec bifurcation sur Toulouse, *Haute-Garonne*, puis sur Tarbes, *Hautes-Pyrénées.*

De Vierzon part un embranchement qui passe à Bourges, *Cher*, rejoint près de Nevers la ligne du Bourbonnais, dessert Moulins, *Allier*, aboutit par Roanne à Saint-Etienne, *Loire*, et va de là communiquer à Lyon avec la ligne de la Méditerranée.

Le chemin de fer du Midi, de *Bordeaux à Cette* :

De Bordeaux il passe à Agen, *Lot-et-Garonne ;* à Montauban, *Tarn-et-Garonne ;* à Toulouse, *Haute-Garonne;* à Carcassonne, *Aude;* à Narbonne, Béziers, *Hérault*, arrive enfin à Cette, où aboutit un embranchement de la ligne de Lyon à Marseille, venant de Tarascon, par Nîmes, *Gard*, et par Montpellier, département de l'*Hérault.*

Caps. Les principaux sont :

Le cap *la Hogue*, dans la mer de la Manche;
Le cap *Saint-Mathieu*, dans l'Atlantique ;
Le cap *Cerbère*, dans la Méditerranée.

Ports militaires. Il y en a cinq, savoir :

Cherbourg, Brest, Lorient, Rochefort, dans l'*Océan ;*
Toulon, *au sud*, dans la Méditerranée.

Ports marchands. Les principaux sont :

Dieppe, le Havre, Saint-Mâlo, dans la *Manche;*
Paimbœuf, La Rochelle, Bayonne, dans l'*Océan ;*
Port-Vendre, Marseille, Antibes, *au midi.*

Iles. Les principales, outre la Corse, sont :

Les îles d'Ouessant, de Rhé, d'Oléron, dans l'*Océan ;*
Les îles d'Hyères, de Lérins, dans la *Méditerranée.*

DÉPARTEMENTS PAR BASSINS.

VERSANT DE LA MANCHE. Ce versant comprend, outre le *grand bassin de la Seine*, les petits bassins de la Somme, de l'Orne, de la Vire, petites rivières qui vont se jeter dans la mer de la Manche.

Le *bassin de la Seine*, avec les trois petits qui s'y rattachent, renferme en totalité ou en partie dix-sept départements, savoir :

COTE-D'OR, chef-lieu *Dijon*, riche et jolie ville, commerçant en grains et en vins fort estimés ;

(*) **Beaune aux excellents vins ; Semur sur l'Armançon ;**
Châtillon, où naquit le maréchal Marmont.

AUBE. — *Troyes*, sur la Seine, qui fait un grand commerce de bonneterie ; charcuterie renommée ;

Nogent et Bar-sur-Seine, aux vignobles coteaux ;
Arcis et Bar-sur-Aube, à l'Est, près de Clairvaux.

SEINE-ET-MARNE. — *Melun*, ville bien bâtie, sur la droite de la Seine ; maison centrale de détention ;

Meaux, et Fontainebleau, connu pour son château ;
Coulommiers, et Provins, situé sur un coteau.

SEINE. — *Paris*, capitale de la France, la plus belle de l'Europe, siége du gouvernement ;

Saint-Denis, où les rois de France ont leurs tombeaux ;
Et Sceaux, qui fait un grand commerce de bestiaux.

SEINE-ET-OISE. — *Versailles*, qui possède un superbe château avec un très-riche musée de peinture ;

Etampes, Rambouillet, renommé pour sa laine ;
Pontoise, au Nord ; Corbeil, et Mantes, sur la Seine.

EURE. — *Evreux*, qui possède une belle cathédrale ; fabrique de toiles, coutils, bonneterie ;

Bernay ; Pont-Audemer, au Nord-Ouest, sur la Rille ;
Les Andelys, à l'Est ; Louviers, ancienne ville.

(*) Les noms des sous-préfectures sont compris dans les vers mnémoniques qui suivent chaque département.

SEINE-INFÉRIEURE. — *Rouen*, connue pour ses toiles de coton dites *rouenneries ;* ville très-commerçante;

Dieppe au Nord ; Yvetot, dans une riche plaine;
Neufchâtel, et le Havre, arrosé par la Seine.

HAUTE-MARNE. — *Chaumont*, sur une montagne, fabriques de coutellerie; beau viaduc du chemin de fer;

Langres, au Sud, connu pour sa coutellerie;
Et Vassy qui commerce en bois, fer, poterie.

MARNE. — *Châlons-sur-Marne*, qui commerce en vins de Champagne; il y a une cathédrale remarquable;

Reims, où nous admirons l'église Saint-Remy;
Sainte-Menehould, à l'est; Épernay, puis Vitry.

AISNE. — *Laon*, sur le haut d'une montagne; on y remarque une magnifique cathédrale;

Saint-Quentin, sur la Somme, et Château-Thierry;
Puis Vervins, au Nord-Est, et Soissons, au Midi.

OISE. — *Beauvais*, belle cathédrale dont on admire surtout le chœur; manufactures de tapis;

Clermont, sur un coteau, qu'un vieux château domine;
Compiègne, à l'Est; Senlis, au pied d'une colline.

YONNE. — *Auxerre*, sur l'Yonne, qui commerce en bois, vins, grains et charbons; asile d'aliénés;

Joigny, Sens et Tonnerre, estimé pour son vin;
Avallon, belle ville, au Sud, sur le Cousin.

SOMME. — *Amiens*, sur la Somme, qui a une cathédrale magnifique dont on admire surtout la nef;

Doulens, prison d'Etat, Péronne, ancienne ville;
Montdidier, au Midi; sur la Somme, Abbeville.

CALVADOS. — *Caen*, sur l'Orne; fabrique de tuiles, de dentelles; commerce de grains, de chevaux;

Vire; Falaise au Sud; sur la côte, Bayeux;
Pont-l'Evêque, au Nord-Est, ainsi que Lisieux.

ORNE. — *Alençon*, sur la Sarthe, ville connue pour ses dentelles, ses toiles dites *points* et *toiles* d'Alençon;

Argentan, au Nord-Ouest, qui commerçe en dentelle; Domfront, Mortagne, avec une église assez belle.

MANCHE. — *Saint-Lô*, sur la Vire; fabrique de draps et de flanelles; commerce de bestiaux, de grains, de beurre; bel hôtel de ville;

Valognes et Cherbourg, fort bon port sur la Manche; Coutances, au couchant; au sud, Mortain, Avranches.

CÔTES-DU-NORD. — *Saint-Brieuc;* on y remarque la cathédrale, les promenades; pêche et commerce maritime; fabriques de toiles, tanneries;

Guingamp et Loudéac, commerçant en bestiaux; Lannion, et Dinan, qui vit naître Duclos.

VERSANT DE L'ATLANTIQUE. — Ce versant comprend deux grands bassins, celui de *la Loire*, celui de *la Garonne*, et quatre petits, ceux de la Vilaine, de la Charente, de la Sèvre niortaise et de l'Adour.

Le *bassin de la Loire*, auquel se rattachent les petits bassins de la Vilaine, de la Charente et de la Sèvre niortaise, renferme en totalité ou en partie vingt-cinq départements, savoir :

HAUTE-LOIRE, chef-lieu *Le Puy*, ville renommée pour ses tulles et ses dentelles; commerce de bestiaux;

Brioude, sur l'Allier, riche par ses houillères; Yssengeaux, ville ancienne, où sont plusieurs tourbières.

LOIRE.—*Saint-Etienne;* mines de houille considérables; nombreuses fabriques d'armes, de rubans, qui occupent plus de 40 mille ouvriers;

Roanne, sur la Loire, aux nombreuses fabriques; Montbrison, au penchant de roches volcaniques.

NIÈVRE. — *Nevers*, sur la Loire; commerce de bois, forges, fonderie importante; nombreuses usines;

Clamecy, sur l'Yonne où tombe le Beuvron; Cosne, au Nord, sur la Loire, avec Château-Chinon.

LOIRET. — *Orléans*, ville commerçante ; beau pont sur la Loire, avec la statue de l'héroïne Jeanne d'Arc;

Gien, au Sud; Pithiviers, aux pâtés excellents;
Montargis, sur le Loing, au Nord-Est d'Orléans.

LOIR-ET-CHER. — *Blois*, ganterie renommée ; fabriques de vinaigre ; commerce de vins et eaux-de-vie ;

Vendôme, sur le Loir, ville où Ronsard naquit;
Romorantin, connu par un célèbre édit.

INDRE-ET-LOIRE. — *Tours*, beau pont, belle cathédrale ; fort jolie ville, renommée pour ses pruneaux;

Loches, où Charles VII connut la belle Agnès;
Et Chinon, sur la Vienne, où naquit Rabelais.

MAINE-ET-LOIRE. — *Angers*, qui a de belles carrières d'ardoises et de nombreuses fabriques de toiles;

Beaugé, Segré, Chollet, connu par ses fabriques,
et Saumur, sur la Loire, aux églises antiques.

LOIRE-INFÉRIEURE. — *Nantes*, sur la Loire, ville très-commerçante qui possède quantité de fabriques;

Ancenis; Savenay: Paimbœuf, près Saint-Nazaire;
Châteaubriant, au Nord, arrosé par la Chère.

EURE-ET-LOIR. — *Chartres*, sur l'Eure, remarquable par sa cathédrale, véritable chef-d'œuvre gothique;

Châteaudun, près du Loir, et Nogent-le-Rotrou;
Dreux, au Nord, où naquit le poète Rotrou.

SARTHE. — *Le Mans*, connu par ses toiles et ses excellentes volailles dont on fait un grand commerce;

La Flèche, sur le Loir, dans un vallon fertile;
Mamers, et Saint-Calais, arrosé par l'Anille.

MAYENNE. — *Laval*, qui fait un grand commerce de cotons et de fils; forts marchés de bestiaux, de grains;

Mayenne, qu'habitaient les princes de Lorraine;
Château Gonthier, au Sud, situé sur le Mayenne.

Puy-de-Dôme. — *Clermont-Ferrand*, ville ancienne et fort commerçante, située sur une hauteur;

Riom ; Thiers, au milieu de charmants paysages ;
Issoire, au Sud ; Ambert, qui fait de bons fromages.

Allier. — *Moulins*, sur l'Allier; belles promenades; commerce de grains, bois, fers et charbons;

Montluçon, sur le Cher, et Gannat au Midi;
La Palisse, au Sud-Est, et non loin de Vichy.

Cher. — *Bourges*, ville antique où l'on admire la cathédrale, l'hôtel-de-ville, les jardins de l'archevêché;

Sancerre, sur un mont, qui donne de bons vins;
Saint-Amand, sur le Cher, qui produit de bons grains.

Creuse. — *Guéret*, sur une montagne; commerce de bestiaux, belle église, maison d'aliénés;

Bourganeuf; Aubusson, connu pour ses tapis;
Boussac, sur un rocher, pauvre et faible pays.

Indre. — *Châteauroux*, sur l'Indre; manufactures de draps, bonneterie; commerce de vins, grains;

Issoudun, enrichi par ses manufactures;
La Châtre, au Sud; Leblanc, avec des filatures.

Haute-Vienne. — *Limoges*, sur la Vienne, qui a des fabriques de porcelaine, de draps; forges, fonderies;

Rochechouart, à l'ouest, flanqué d'un vieux château,
Saint-Yrieix, Bellac au penchant d'un côteau.

Vienne. — *Poitiers*, sur le Clain; on y admire la cathédrale, le palais de justice et les promenades;

Montmorillon au Sud; Civray, sur la Charente;
Loudun; Châtellerault, ville très-commerçante.

Charente. — *Angoulême*, sur la Charente, qui possède de belles papeteries, de nombreuses distilleries;

Barbezieux, au Sud ; Confolens, sur la Vienne;
Cognac, sur la Charente, et Ruffec, ville ancienne.

Charente-Inférieure. — *La Rochelle*, port de mer important ; commerce de vins et d'eaux-de-vie ;

Saintes, sur la Charente, et Saint-Jean-d'Angély ;
Marennes ; Rochefort, et Jonzac, au Midi.

Deux-Sèvres. — *Niort*, ville assez mal bâtie ; commerce de grains, de chevaux, de mulets, de bestiaux ;

Parthenay ; Melle. au Sud, bon pays de labour ;
Bressuire, où de l'église on admire la tour.

Vendée. — *La Roche-sur-Yon*, sur une colline baignée par l'Yon ; belle statue de Napoléon Ier ;

Fontenay, qu'un seigneur de Poitiers a fondée ;
Et les Sables-d'Olonne, à l'ouest de la Vendée.

Ille-et-Vilaine. — *Rennes*, qui fait un grand commerce de beurre, de toiles, de cuirs, de lin et de papiers ; on y admire la façade de la cathédrale ;

Fougères ; Saint-Malo ; Vitré dans une plaine ;
Montfort, sur un coteau ; Redon, sur la Vilaine.

Morbihan. — *Vannes*, port assez actif ; commerce de blé, de sardines, de bestiaux et d'excellent beurre ;

Pontivy ; Ploërmel ville assez commerçante,
Lorient port de mer, place fort importante.

Finistère. — *Quimper*, port assez fréquenté ; cathédrale remarquable ; commerce de poissons salés ;

Brest, avec port et rade enviés des Anglais ;
Quimperlé ; Châteaulin, et l'antique Morlaix.

Le *bassin de la Garonne*, avec le petit bassin de l'Adour, contient seize départements, savoir :

Haute-Garonne. — Chef-lieu *Toulouse*, une des villes les plus riches et les plus florissantes du Midi ;

Villefranche ; Muret, situé sur la Garonne ;
Saint-Gaudens, au Midi, qu'un beau site environne.

Tarn-et-Garonne. — *Montauban*, sur le Tarn; fabriques de draps et de toiles; commerce de grains et de cuirs; magnifiques promenades;

Moissac, où l'on admire un pont, une fontaine;
Et Castel-Sarrasin, dans une vaste plaine.

Lot-et-Garonne. — *Agen*, ville renommée pour ses excellentes prunes; beau pont suspendu sur la Garonne; cathédrale remarquable;

Marmande au Nord; Nérac, au beau château gothique;
Villeneuve-d'Agen, avec un pont antique.

Gironde. — *Bordeaux*, grand commerce de vins et de liqueurs; port important sur la Gironde;

La Réole; Libourne, à l'Est, près de Coutras;
Lesparre; Blaye, au Nord; sur un rocher, Bazas.

Cantal. — *Aurillac*, sur la Jordanne: commerce de chaudronnerie, de fromages, de chevaux, de mulets; fabriques de dentelles, d'orfévrerie;

Saint-Flour, de Dubellay c'est le pays natal;
Mauriac, et Murat, au pied du mont Cantal.

Corrèze. — *Tulle*, qui possède une manufacture d'armes à feu; commerce de laine, huile, eaux-de-vie; fabrique de papier, de bougie;

Ussel, sur la Sarsonne, importante autrefois;
Et Brives, où naquit le cardinal Dubois.

Dordogne. — *Périgueux*, qui produit les bonnes truffes du Périgord; volailles, pâtés truffés très-renommés; beau pont sur l'Isle, belle cathédrale;

Sarlat, près Salignac où naquit Fénelon;
Bergerac, au Midi; Riberac et Nontron.

Ariége. — *Foix*, sur l'Ariége, fabriques de faulx et de limes d'acier; rues tortueuses et étroites;

Pamiers, où sont plusieurs forges et filatures;
Saint-Girons, où l'on voit quelques manufactures.

Tarn. — *Alby*, sur le Tarn, patrie du navigateur Lapérouse, à qui on a érigé une statue ;

Castres, où l'on commerce en laine et draperies ;
Gaillac, à l'Ouest ; Lavaur, connu pour ses soieries ;

Lozère. — *Mende*, sur le Lot, où l'on fabrique beaucoup de serges ; belle cathédrale gothique ;

Marvejols, au couchant, dans un riant vallon ;
Florac, au Sud, situé sur les bords du Tarnon.

Aveyron. — *Rhodez*, sur l'Aveyron, ville assez mal bâtie, mais entourée de jolies promenades ;

Saint-Affrique, au Midi ; Milhau, Espalion ;
Villefranche, au couchant, baigné par l'Aveyron.

Lot. — *Cahors*, qui commerce en vins, eaux-de-vie ; on y remarque la cathédrale et l'hôtel-de-ville ;

Figeac, où l'on admire uue église gothique ;
Et Gourdon, dont on vante aussi la basilique.

Gers. — *Auch*, d'où l'on tire des vins et des eaux-de-vie dites d'*Armagnac* ; fabriques d'étoffes de coton ;

Condom, au Nord ; Lectoure, au haut d'une montagne ;
Lombez, au Sud ; Mirande à la triste campagne.

Hautes-Pyrénées. — *Tarbes*, sur l'Adour, jolie ville au pied des Pyrénées ; maison d'aliénés ;

Bagnères-de-Bigorre, au pied d'une montagne ;
Argelès, au Midi, voisine de l'Espagne.

Basses-Pyrénées. — *Pau*, dans un joli site ; fabriques de toiles ; commerce de jambons de *Bayonne* ;

Oloron, entrepôt des laines d'Aragon ;
Bayonne, sur l'Adour ; Orthès et Mauléon.

Landes. — *Mont-de-Marsan*, sur la Midouze ; commerce de vins, d'eaux-de-vie, de laine et de résine ;

Saint-Sever, où naquit le général Lamarque ;
Dax, au Sud, dont l'église est digne de remarque.

VERSANT DE LA MÉDITERRANÉE. Ce versant, qui renferme avec le *grand bassin du Rhône* les petits bassins du Var, de l'Hérault et du Tet, contient en tout ou en partie, avec la Corse, vingt-deux départements, savoir :

AIN, chef-lieu *Bourg*, où l'on admire la magnifique église gothique de Notre-Dame de *Brou*;

Nantua, prés d'un lac ; Belley, non loin du Rhône ;
Gex, sur une hauteur, et Trévoux, sur la Saône.

RHÔNE. — *Lyon*, la deuxième ville de France par son importance, au confluent de la Saône et du Rhône, qu'on traverse sur 17 ponts magnifiques ;

Villefranche, non loin des rives de la Saône ;
Qu'une campagne riche et fertile environne.

ARDÈCHE. — *Privas*, ville triste, mal bâtie, mais dans un beau site ; commerce de soie, de cuirs ;

Largentière, autrefois riche en mines de plomb ;
Et Tournon, sur le Rhône, avec un fort beau pont.

GARD. — *Nîmes*, qui renferme de beaux monuments antiques, tels que la Maison-Carrée, les Arênes ;

Uzés, et le Vigan, qui vit naître d'Assas ;
Alais, où l'on commerce en grains, vins, gants et bas.

ISÈRE. — *Grenoble*, sur l'Isère, ville renommée pour sa ganterie, son ratafia et ses autres liqueurs ;

Vienne, non loin du Rhône ; au Nord, la Tour-du-Pin.
Saint-Marcellin, au Sud, qui fait d'assez bon vin.

DRÔME. — *Valence*, sur le Rhône, avec un pont remarquable ; fabriques de toiles, bonneterie ;

Nyons, avec un pont, ouvrage des Romains ;
Die, et Montélimart, riche en miel, huile et grains.

VAUCLUSE. — *Avignon*, où les papes résidèrent environ 70 ans ; on y admire encore leur palais ;

Orange, où sont beaucoup d'antiquités romaines ;
Apt, avec Carpentras, qu'ornent plusieurs fontaines.

BOUCHES-DU-RHÔNE. — *Marseille*, 3e ville de France, port de mer très-commerçant sur la Méditerranée ; on y voit la statue de l'évêque Belzunce;

Aix, à l'Est, où naquit le sage Vauvenargue ;
Arles, ville au nord de l'île de la Camargue.

JURA. — *Lons-le-Saulnier*, qui a de riches salines ; commerce de grains, bois, fil de fer, clouterie ;

Dôle, dont Louis XIV autrefois s'empara ;
Poligny, puis Saint-Claude, au pied du mont Jura.

DOUBS. — *Besançon*, sur le Doubs, place fort importante ; grande fabrique d'horlogerie ; belles halles ;

Montbéliard, au Nord, berceau du grand Cuvier ;
Beaume-les-Dames, à l'Est, ainsi que Pontarlier.

HAUTE-SAÔNE. — *Vesoul*, petite ville assez commerçante ; fabriques de toiles, fonderies, tanneries ;

Gray-sur-Saône, entrepôt de grains et de farines;
Lure, à l'Est, qui possède une foule d'usines.

SAÔNE-ET-LOIRE. — *Mâcon*, qui possède des vins très-estimés ; commerce de bois et de grains ;

Châlon-sur-Saône ; Autun, jadis très-florissante ;
Charolles, et Louhans, ville assez commerçante.

HAUTES-ALPES. — *Gap*, ville ancienne, fort irrégulière ; commerce de bestiaux, de grains, de laine ;

Briançon, l'un des points les plus hauts de la France ;
Embrun, sur un rocher, baigné par la Durance.

BASSES-ALPES. — *Digne*, au pied des Alpes, dans un joli site ; commerce de pruneaux, fruits secs et confits ;

Barcelonnette, au Nord, ainsi que Sisteron;
Forcalquier ; Castellane, au Sud, sur le Verdon.

ALPES-MARITIMES. — *Nice*, sur la Méditerranée, dans une situation délicieuse ; belle cathédrale ;

Puget-Théniers, à l'Ouest, climat doux et fertile ;
Grasse, au Sud, qui fournit fruits confits et bonne huile.

Savoie. — *Chambéry*, dont on admire la cathédrale, les belles casernes; fabriques de gaze de soie;

Saint-Jean-de-Maurienne, aux excellents fromages; Albertville, Moutiers, aux riants paysages.

Haute-Savoie. — *Annecy*, sur le lac de ce nom ; évêché jadis illustré par Saint-François-de-Sales;

Bonneville ; Thonon, non loin du lac Léman ; Saint-Julien, à l'Ouest, dans un site charmant.

Var. — *Draguignan*, dans une belle et fertile plaine entourée de coteaux couverts d'oliviers;

Brignolles, qui produit des prunes excellentes; Toulon, place très-forte, et des plus importantes.

Hérault. — *Montpellier*, ville connue pour ses vins, ses eaux-de-vie, ses liqueurs, ses huiles;

Saint Pons, au Sud: Lodève, au pied des monts Cévennes; et Bèziers, qui produit liqueurs, vins, draps et laines.

Aude. — *Carcassonne*, commerce de grains, de fruits et d'eaux-de-vie; fabriques de draps importantes;

Narbonne, réunie au canal du Midi; Limoux, situé sur l'Aude, et Castelnaudary.

Pyrénées-Orientales. — *Perpignan*, sur le Tet, place forte; récolte de vins, d'oranges et d'olives;

Céret, où l'on admire un pont, une fontaine; Prades, où l'on commerce en vins, grains, draps et laine.

Corse. — *Ajaccio*, dans l'île de Corse réunie à la France en 1768; c'est là que naquit Napoléon Ier, en 1769;

Sartène; Bastia, bon port et forte ville; Corté; Calvi, qui fait un grand commerce d'huile.

Versant de la mer du Nord. Ce versant contient le *bassin du Rhin*, auquel se rattachent 6 départements arrosés par des rivières qui sortent de France et aboutissent directement ou indirectement à ce fleuve, savoir :

NORD. — *Lille*, place forte; fabrique de toiles et de dentelles; nombreuses filatures de lin, de coton;

Dunkerque, port de mer; Valenciennes, Douai;
Avesnes, Hazebrouck, et sur l'Escaut Cambrai.

PAS-DE-CALAIS. — *Arras*; hôtel-de-ville et cathédrale des plus remarquables; fabriques de dentelles;

Saint-Omer, sur l'Aa, qui vit naître Suger;
Montreuil, Saint-Pol, Béthune et Boulogne-sur-Mer.

VOSGES. — *Epinal*, sur la Moselle, papeteries, fabriques d'images; commerce de grains et de chevaux;

Mirecourt; Neufchâteau, ville des plus antiques;
Saint-Dié, Remiremont, deux pays de fabriques.

ARDENNES. — *Mézières*, sur la Meuse, petite ville bien fortifiée; on y remarque l'église et la citadelle;

Rethel, sur l'Aisne, à l'Ouest; Rocroi, place fameuse;
Vouziers, pays fertile, et Sedan, sur la Meuse.

MEUSE. — *Bar-le-Duc*, ville renommée pour ses excellentes confitures; fabriques de bonneterie;

Commercy, que domine un superbe château;
Verdun, et Montmédy sur un riche coteau.

MEURTHE-ET-MOSELLE. — *Nancy*, fort jolie ville, connue pour ses riches broderies et ses beaux monuments;

Briey; Toul, qui possède une église gothique;
Lunéville, au midi, grand pays de fabriques.

De l'Alsace enlevée à la France, il reste encore *Belfort*, place très forte qui a soutenu en 1871 contre les Prussiens un siége mémorable.

Possessions étrangères.

La France a dans les autres parties du monde différentes possessions dont les principales sont :

En Afrique.

1° L'Algérie, divisée en trois grandes provinces ou divisions militaires dont les noms et les principales villes sont :

Alger, Blidah, Cherchel, Miliana ;
Constantine, Bône, Batna, Bougie ;
Oran, Mostaganem, Mascara, Tlemcen.

2° Les îles de St-Louis, de Gorée dans le Sénégal ;

3° L'île de la Réunion, autrefois île Bourbon, villes principales *St-Denis*, *St-Paul*, *St-Pierre* ;

4° Les îles Mayotte, Nossi-Bé, Sainte-Marie, situées sur la côte orientale de l'île de Madagascar.

En Asie.

Pondichéry, Karikal, Chandernagor, dans l'*Indostan;*
Mahé, Yanaon dans la même contrée ;
Saïgon, capitale de la *Basse-Cochinchine*.

En Amérique.

Les îles de Saint-Pierre et Miquelon, au **Nord-Est** ;

L'île de la Martinique, chef-lieu *Port-de-France ;*

La Guadeloupe, formée de deux grandes îles : grande terre et basse terre, villes *Basse-Terre*, *Pointe-à-Pitre ;*

La Guyane française, dont la capitale est *Cayenne*, lieu de déportation pour les criminels.

En Océanie.

La Nouvelle-Calédonie, ou île *Balade*, chef-lieu *Nouméa* où sont déportés les condamnés politiques ;

L'île des Pins qui dépend du même archipel ;
Les îles Marquises, la principale est *Nouka-hiva* ;
Les îles Tahïti, sous le protectorat de la France.

GÉOGRAPHIE

DU DÉPARTEMENT DE LY'ONNE.

Le département de l'Yonne, ainsi appelé du nom de sa principale rivière, se trouvait compris dans l'ancienne province de Bourgogne, dont la capitale était *Dijon*.

Bornes. — Il est borné par les départements :

De Seine-et-Marne, au *nord ;*
Du Loiret, à l'*ouest ;*
De la Nièvre, de la Côte-d'Or, au *sud ;*
De la Côte-d'Or, de l'Aube, à l'*est,*

Etendue. — Sa plus grande longueur du nord au sud, prise de *Villeneuve-la-Guyard* à *Quarré-les-Tombes*, est de : 124 kilomètres. Sa plus grande largeur de l'est à l'ouest, comptée d'*Arthonnay* à *Lavau*, est de 94 kilomètres. Sa superficie est de 736,916 hectares, parmi lesquels on en compte environ :

455,000 en terres labourables ;
173,000 en bois, forêts ;
38,000 en vignes ;
33,000 en prairies naturelles.

Le reste est occupé par des jardins, canaux, routes, rivières, étangs, propriétés bâties, etc.

Population. — La population de ce département est de 363,608 habitants ; chaque année on y compte environ 8,304 naissances, 8,283 décès et 3,283 mariages.

Division. — Il se divise en cinq arrondissements, savoir :

Celui d'Avallon, situé au *sud ;*
Celui d'Auxerre, de l'*est* au *sud-ouest ;*
Celui de Joigny, de l'*est* à l'*ouest ;*
Celui de Sens, au *nord ;*
Celui de Tonnerre, au *sud-est.*

Subdivision. — Ces cinq arrondissements comprennent 37 cantons et 484 communes répartis de la manière suivante :

ARRONDISSEMENT D'AVALLON.

5 cantons, 72 communes, 44,016 habitants.

Savoir, les cantons de :

Avallon	16	communes,	12,729	hab.
Guillon	16	—	5.953	—
L'Isle	14	—	6,534	—
Quarré-les-Tombes . .	8	—	7,757	—
Vézelay	18	—	11,043	—

ARRONDISSEMENT D'AUXERRE.

12 cantons, 131 communes, 116,427 habitants.

Savoir, les cantons de :

Auxerre, 2 cantons. . .	15	communes,	27,929	hab.
Chablis	14	—	7,714	—
Coulanges-la-Vineuse. .	12	—	8,712	—
Coulanges-sur-Yonne. .	10	—	7,539	—
Courson	12	—	7,692	—
Ligny	13	—	7,008	—
Saint-Florentin	8	—	6,159	—
Saint-Sauveur.	11	—	12,791	—
Seignelay	10	—	8,427	—
Toucy	12	—	11,929	—
Vermenton	14	—	10,527	—

ARRONDISSEMENT DE JOIGNY.

9 cantons, 108 communes, 96,378 habitants.

Savoir, les cantons de :

Aillant	22	communes ,	16,034	hab.
Bléneau	8	—	9,157	—
Brienon	11	—	10,533	—
Cerisiers.	9	—	5,919	—
Charny.	16	—	10,750	—
Joigny	18	—	16,796	—
Saint-Fargeau.	7	—	7.815	—
Saint-Julien-du-Sault .	9	—	8,123	—
Villeneuve-sur-Yonne. .	8	—	11,247	—

ARRONDISSEMENT DE SENS.

6 cantons, 91 communes, 65,399 habitants.

Savoir, les cantons de :

Chéroy.	18	communes,	9,448	hab.
Pont-sur-Yonne.	15	—	11,927	—
Sens, 2 cantons.	24	—	24,399	—
Sergines.	17	—	9,845	—
Villeneuve-l'Archevêque	16	—	9,780	—

ARRONDISSEMENT DE TONNERRE.

5 cantons, 82 communes, 41,388 habitants.

Savoir, les cantons de ·

Ancy-le-Franc.	19	communes,	9,440	hab
Cruzy	18	—	7,062	—
Flogny.	15	—	7,752	—
Noyers.	15	—	6,746	—
Tonnerre	15	—	10,398	—

Bassin. — Ce département, arrosé par l'Yonne, le **Loing** et leurs affluents, fait partie du bassin de la **Seine** où se jettent ces deux rivières.

Cours de l'Yonne. — Cette rivière prend sa source dans la Nièvre, au pied du mont *Beuvray*, non loin de Château-Chinon : elle passe à *Clamecy*, où elle devient flottable en trains.

Elle entre dans le département près de *Coulanges-sur-Yonne*, coule dans la direction du sud au nord, passe à *Auxerre* où elle commence à porter de gros bateaux, à *Joigny*, où on la traverse sur un beau pont, à *Sens*, à *Villeneuve-la-Guyard*.

De là elle arrive dans *Seine-et-Marne* et va se perdre à *Montereau* dans la Seine, après un cours de 273 kilomètres, dont 165 dans le département.

Ses affluents sont, *à droite* :

La Cure, le Serein, l'Armançon, la Vanne, l'Oreuse; Le ru de Druyes, le Tholon, le Vrin, *à gauche*.

Cours de la Cure. — La *Cure* a sa source dans la Nièvre près de *Gien-sur-Cure*, passe dans le canton de Quarré-les Tombes et arrose :

Dans l'arrondissement d'*Avallon* :

Chastellux, Domecy, Foissy, Saint-Père, Asquins, Blannay, Sermizelles, Voutenay, puis Saint-Moré.

Dans celui d'*Auxerre* :

Arcy, Bessy, Lucy, Vermenton, Accolay; elle tombe dans l'Yonne près de *Cravant*, après avoir reçu au pont de Blannay le *Cousin*, qui arrose *Avallon*.

Cours du Serein. — Le *Serein* sort du département de la Côte-d'Or, entre dans l'Yonne à *Guillon*, baigne les arrondissements d'Avallon, de Tonnerre, d'Auxerre, et va se jeter dans l'Yonne à *Bonnard*, arrondissement de Joigny, après un cours d'environ 140 kilomètres, dont 104 dans le département.

Cours de l'Armançon. — L'*Armançon* prend sa source dans la Côte-d'Or, à la fontaine de *Tagny*, près de Pouilly-en-Auxois, entre dans le département à *Aisy*, traverse une partie de l'arrondissement de *Tonnerre*, pénètre dans celui d'*Auxerre* près de Saint-

Florentin, touche à celui de *Joigny* à Brienon et va se perdre dans l'Yonne au-dessous de *Cheny* et tout près de *Laroche*. Son cours est de 148 kilomètres, dont 96 dans le département. Il reçoit :

L'*Armance*, qui sort de l'Aube, entre dans l'Yonne à Soumaintrain, et finit près de Saint-Florentin ;

La *Brumance*, qui commence près de Sormery, arrose Turny, Avrolles, et se termine à Brienon.

Cours de la Vanne. — La *Vanne* a sa source à *Fontvannes*, dans l'Aube, entre dans le département à *Flacy*, parcourt l'arrondissement de Sens et se perd dans l'Yonne près de cette ville. Elle baigne :

Flacy, Bagneaux, Villeneuve-l'Archevèque, Chigy, Pont-sur-Vanne, Theil, Noé, Mâlay, Maillot.

Cette rivière coule au milieu d'une vallée au sol tourbeux. Une partie des sources qui l'alimentent ont été vendues à la ville de Paris, où elles arrivent par de magnifiques aqueducs.

Orbuse. — L'*Oreuse* est une petite rivière qui naît et finit dans l'arrondissement de Sens. Elle sort de dessous l'église de *Thorigny*, et arrose :

Fleurigny, Saint-Martin, La Chapelle, Gizy, Michery, d'où elle se perd dans l'Yonne au pont de *Sixte* :

Ru de Druyes. — Le ruisseau de *Druyes* est formé par la belle fontaine de ce pays. Il passe à *Andryes* et aboutit à l'Yonne après un cours d'environ 15 kilomètres. Le poisson et particulièrement le brochet qu'on y pêche sont excellents et très-recherchés.

Tholon. — Le *Tholon* a sa source près de *Parly*, dans le canton de *Toucy ;* il traverse le canton d'*Aillant*, de là il passe dans celui de *Joigny* à Paroy, Chamvres, et se perd dans l'Yonne après un cours d'environ 28 kilomètres.

Vrin. — Le *Vrin* a sa source dans le canton d'Aillant, dans la forêt de *Merry-la-Vallée*, arrose Sommecaise,

La Ferté-Loupière, et tombe dans l'Yonne près de *Cézy*, après un cours d'environ 40 kilomètres.

Loing. — Il prend naissance au hameau du *Loing*, commune de Ste-Colombe, passe à St-Sauveur, St-Fargeau, Bléneau, Rogny où il se confond avec le canal de Briare, et aboutit à la Seine, près de Moret, Seine-et-Marne, sous le nom de *canal du Loing*. Il reçoit :

L'*Ouanne*, qui sort de la commune de ce nom, arrose les cantons d'Aillant, de Toucy et de Charny ;

Le *Lunain*, qui passe auprès de Chéroy ;

L'*Orvanne*, qui baigne Dollot, Vallery.

Canaux. — Outre le canal de Briare, le département possède encore le canal de Bourgogne à l'est, et le canal du Nivernais su sud.

Canal de Bourgogne. — Le canal de Bourgogne fait communiquer la *Seine* et le *Rhône* au moyen de l'Yonne, affluent du premier, et de la Saône, affluent du second.

Il prend naissance dans la Saône à *Saint-Jean-de-Losne* (Côte-d'Or), parcourt ce département par les vallées de l'Ouche et de la Brenne ; il tombe ensuite dans celle de l'Armançon, où il dessert Tonnerre, Saint-Florentin, Brienon, et vient déboucher dans l'Yonne à *Laroche*, arrondissement de *Joigny*.

Canal du Nivernais. — Ce canal joint la *Loire* à la *Seine* par l'Yonne. Il part de *Decize* (Nièvre), remonte la vallée de l'Aron, entre dans celle de l'Yonne où il se continue jusqu'à Auxerre par Coulanges et Cravant.

Chemins de fer. — Le département est traversé du nord au sud-est par la ligne de *Paris à Lyon* qui dessert Sens, Joigny, Tonnerre, avec embranchement de *Laroche* sur Auxerre et Avallon.

Il est encore coupé au nord par la nouvelle ligne d'*Orléans à Châlons* qui traverse la vallée de la Vanne, et les cantons de Sens, Chéroy.

ARRONDISSEMENT D'AVALLON.

L'arrondissement d'Avallon offre un pays coupé de montagnes boisées, de coteaux vignobles, de vallons, de plaines fertiles d'un aspect pittoresque. L'agriculture, l'exploitation des forêts, la fabrication du ciment, de la tuile, de la brique, l'extraction de la pierre de taille forment la principale industrie de cet arrondissement, riche en bois, en grains et en vins très-estimés, connus sous le nom de *vins d'Avallon*.

Principales communes. — Les principales communes de cet arrondissement sont :

Canton d'Avallon.

Avallon. — Pop. 5,816 habitants, jolie ville sur le Cousin : on y voit de belles promenades, des sites pittoresques. Ce pays, jadis privé d'eau, possède aujourd'hui quantité de bornes-fontaines. Il y a deux brasseries, quatre tuileries, plusieurs tanneries et scieries hydrauliques. Le territoire y est riche et fertile; on y commerce en grains, vins, bois et charbons. Il y a des marchés considérables; patrie du général Habert qui fut blessé à Waterloo en 1815.

Annay-la-Côte, au penchant d'un magnifique coteau qui produit les vins les plus estimés de l'Avallonais.

Lucy-le-Bois, bon pays de culture, qui possède des sources abondantes; carrières de pierres

Sermizelles, dominé par une haute montagne où s'élève, en forme de petit fort, une chapelle dédiée à la Sainte-Vierge sous le nom de *Notre-Dame-d'Orient*.

Le Vault-de-Lugny, au pied d'un coteau couvert d'un riche vignoble et dominé par le Montmarte.

Island, sur un plateau très-fertile, bordé de forêts et abondant en bons pâturages; joli château moderne.

Vassy, sur la commune d'Etaules, connu par sa belle

usine pour la fabrication du ciment. Cette usine, qui emploie quantité d'ouvriers, fait la fortune du pays : beaux jardins, habitation délicieuse.

Canton de Guillon.

Guillon-sur-le-Serein, riche en produits agricoles : la côte de Montfaute y donne de très-bon vin.

Montréal, pays très-fertile ; commerce de grains, de fourrages ; église magnifique classée au nombre des monuments historiques de France ; site pittoresque.

Cussy-les-Forges, situé près d'un étang entouré de belles prairies ; commerce de bestiaux.

Saint-André, connu pour la rare fertilité de son sol : on y récolte d'excellents fruits et de bons fourrages.

Santigny, traversé par la grande route, sur un plateau fertile, avec deux fontaines au centre du pays.

Marmeaux, sur un petit coteau ; sources abondantes ; bel établissement agricole ; jolie habitation.

Thizy, sur un plateau, connu pour ses carrières de pierres de taille et de pierres à ciment.

Canton de l'Isle.

L'Isle-sur-le-Serein, sur un territoire fertile ; jolie fontaine jaillissante, beau château, bonnes tuileries.

Joux-la-Ville, bourg important et bien bâti ; on y commerce en vins, grains et bestiaux ; bonnes foires.

Précy-le-Sec, sur un plateau élevé ; pays privé d'eau ; terrain maigre, mais assez bon vignoble.

Annoux, sur un point culminant, pays boisé, assez fertile ; patrie du maréchal Davout, un des plus fameux généraux du Ier empire, à qui la ville d'Auxerre a fait ériger une statue.

Coutarnoux, avec de belles carrières dont l'exploitation fait l'industrie principale des habitants.

Sainte-Colombe, au sommet d'une colline; bons pâturages; extraction de pierres à ciment.

Talcy, au fond d'un vallon; belles carrières; fontaine abondante qui fait tourner un moulin à sa source.

Canton de Quarré-les-Tombes.

QUARRÉ-LES-TOMBES, pays de forêts, avec des sites pittoresques; terrains maigres qui ne produisent guère que du seigle et du sarrazin; nombreux hameaux.

Saint-Léger-de-Foucheret, patrie du maréchal Vauban, qui y naquit en 1633. Près de là est le monastère de la *Pierre-qui-Vire*, fondé par le R. P. *Muart*.

Chastellux, sur la Cure, avec un ancien château dans un site pittoresque, résidence de la famille de Chastellux, qui a produit des hommes remarquables.

Saint-Germain-des-Champs, contrée boisée de médiocre culture; commerce de bestiaux.

Canton de Vézelay.

VÉZELAY, au sommet d'une montagne, église magnifique, ancienne abbaye célèbre; saint Bernard y prêcha la deuxième Croisade. Bonnes foires, grand commerce de bestiaux. Ce pays attire beaucoup de visiteurs étrangers.

Asquins, sur la Cure, dans un site pittoresque. On y voit quantité de noyers et de cerisiers.

Saint-Père, sur La Cure, où on admire une charmante petite église. Ce pays produit du grain et du vin.

Châtel-Censoir, sur l'Yonne, avec un port pour le bois; patrie de *Champion*, dit le *Petit-Manteau-Bleu*, connu par ses actes de bienfaisance.

Brosses, entouré de forêts dont l'exploitation forme la principale industrie des habitants.

Montillot, pays de bois et de culture; on y fait un peu de cidre; il y a une bonne tuilerie.

Domecy-sur-Cure, formé des hameaux de Domecy, Uzy, Cure; riche en bois, en grains et en fourrages.

Saint-Moré, sur la ligne du chemin de fer qui passe sous un tunnel taillé dans le roc à côté de celui de la route d'Auxerre à Avallon.

ARRONDISSEMENT D'AUXERRE.

L'arrondissement d'Auxerre présente, sur les rives du Serein, de l'Armançon et de l'Yonne, des vallées, des plaines riches et fertiles. Ailleurs, ce sont des montagnes boisées ou occupées par des terrains en culture, des collines garnies de magnifiques vignobles. Ce pays produit en abondance du bois et des charbons, des grains et des fourrages, des vins d'excellents crus, parmi lesquels on distingue ceux d'*Auxerre*, de *Chablis*, de *Coulanges*, d'*Irancy*, etc.

La culture des terres et des vignes, l'exploitation des forêts, des mines d'ocre, des carrières de pierres, la fabrication de la tuile, de la brique, de la poterie, telle est la principale industrie de cet arrondissement.

Principales communes.—Les principales communes qu'il renferme sont :

Canton d'Auxerre.

Auxerre, chef-lieu du département. Popul. 15,631 habitants. Cette ville est entourée de riches coteaux vignobles; elle a un port sur l'Yonne et un embranchement de chemin de fer sur la ligne de Lyon : les vins, les eaux-de-vie, les grains, les bois, les charbons, l'ocre, la tuile et la brique sont des principaux objets de son commerce et de son industrie. On y remarque l'église Saint-Etienne, l'horloge, les fontaines, l'asile des aliénés et les promenades. Ce pays a vu naître le savant *Fourier*, à qui l'on a élevé une statue.

Saint-Bris, pays vignoble qui récolte beaucoup de cerises; belle église, belle fontaine publique.

Champs, joli village sur l'Yonne, qui expédie à Paris, chaque année, quantité de cerises; récolte de vins.

Appoigny, grande culture maraîchère et vignoble important; bons fourrages, jolie église.

Chevannes, sur un plateau élevé, beau village bien bâti, qui produit du vin, du grain et des fourrages.

Charbuy, contrée boisée plantée d'arbres à fruits et de noyers; carrières de pierre dure.

Canton de Chablis.

Chablis , sur le Serein, vignoble connu pour ses excellents vins blancs; fabrique de biscuits secs très renommés ; église assez remarquable.

Chitry, au fond d'un vallon bordé de vignes; belle fontaine; tour fortifiée à l'église.

Saint-Cyr-les-Colons, gros village bien bâti, qui produit quantité de grains et de fourrages.

Chichée, dans la vallée du Serein , riche vignoble, terres fertiles; abondance de fruits de toutes sortes.

Beines, vignoble assez important, planté de pommiers et de noyers d'un grand produit.

Canton de Coulanges-le-Vineuse.

COULANGES-LA-VINEUSE, au milieu d'un magnifique vignoble, connu pour ses vins délicieux; jolie église.

Irancy, renommé pour ses bons vins; patrie de l'architecte *Soufflot*, qui a bâti l'église de Sainte-Geneviève à Paris et le magnifique Hôtel-Dieu de Lyon.

Vincelles, joli village traversé par la grande route qui y forme une belle rue; grand commerce de vins.

Vincelottes, avec un beau pont suspendu sur l'Yonne, vignoble important; carrières de pierres de taille.

Charentenay, qui produit de bons vins; on y trouve de belles carrières de pierres dures pour construction.

Migé, gros village au milieu d'un bon vignoble; carrière de pierres de taille ; église remarquable.

Canton de Coulanges-sur-Yonne.

Coulanges-sur-Yonne, avec un port pour le flottage des bois de la Nièvre qu'on envoie à Paris.

Etais, pays agricole qui commerce en grains, laines et bestiaux; on y remarque surtout l'église.

Mailly-le-Château, au sommet d'un plateau escarpé, qui récolte des grains et des vins estimés.

Andryes, sur le ruisseau de Druyes, renommé pour son poisson et ses belles écrevisses ; charmante vallée.

Crain, gros village sur l'Yonne, dont les habitants sont occupés surtout du flottage des bois.

Merry-sur-Yonne, dans un vallon fertile où l'on voit de belles falaises, rochers taillés à pic.

Canton de Courson.

Courson, qui a de belles carrières de pierres de taille; commerce de chaux et de charbons.

Druyes, connu pour sa belle fontaine et sa jolie église; ruines d'un château qui dominait le pays.

Ouanne, à la source du ruisseau de ce nom; joli bourg qui produit des grains et des fourrages.

Taingy, au penchant d'un côteau planté de vignes et de noyers; pays fertile; belle fontaine.

Molesmes, renommé pour ses carrières de pierres de taille servant au dallage et à la construction.

Canton de Ligny-le-Châtel.

Ligny-le-Chatel, sur le Serein; on y commerce en vins, tonneaux, laines, tuiles, briques et poterie.

Pontigny, connu par son ancienne abbaye, sa belle église; tuileries, briqueteries et filatures de laine.

Montigny, pays boisé, sol riche et fertile; fabrication de briques et de tuiles perfectionnées.

Maligny, sur le Serein, qui fait des vins blancs estimés; terrains productifs; château moderne qui rappelle le souvenir du comte de Bastard.

Rouvray, pays de bonne culture; il y a une fabrique considérable de tuyaux de drainage, tuiles et briques.

Canton de Saint-Florentin.

Saint-Florentin, jolie petite ville au confluent de l'Armance et de l'Armançon, sur le chemin de fer et le canal de Bourgogne, marchés considérables de grains; commerce de vins, de laines et de chanvres.

Rebourseaux, situé dans un vallon agréable: tuilerie et briqueterie qui donnent de beaux produits.

Avrolles, pays très-fertile, avec des carrières de pierres et de grès très-durs; belle ferme de Crécy.

Chéu, dans une plaine bien cultivée qui produit de belles récoltes en céréales, fourrages, légumes.

Canton de Saint-Sauveur.

Saint-Sauveur, bâti sur une colline; on y fait un grand commerce de grains et de bestiaux. Près de là, à Sainte-Colombe, est la ferme-école de l'Orme-du-Pont.

Moutiers, dans la vallée du Loing, entouré d'étangs dont les eaux alimentent le canal de Briare; poteries, tuileries, carrières de grès fort importante.

Treigny, commune importante connue pour ses fabriques de poterie; église des plus remarquables.

Thury, qui produit quantité de grains; grand commerce de bestiaux, de moutons; élève des abeilles.

Lainsecq, sur un plateau élevé, pays agricole renommé pour ses excellentes foires aux bestiaux.

Saints, contrée boisée ; fabriques de tuiles et de briques ; carrières de moëllon et de pierres à chaux.

Sougères, village riche et fertile qui récolte grains et fourrages ; commerce de bestiaux.

Canton de Seignelay.

SEIGNELAY, petite ville bien bâtie, dont le territoire produit grains, vins, fruits et fourrages ; fabrique de tuiles, de tuyaux de drainage, de verres peints.

Héry, joli bourg, dans une plaine fertile ; oseraies considérables, poteries, tuileries importantes.

Mont-Saint-Sulpice, pays vignoble et agricole, au sommet d'une montagne, patrie de l'avocat-général *Bonnet*, défenseur de Moreau accusé de trahison.

Cheny, beau village sur l'Armançon ; on y récolte du vin, du grain, du fourrage ; jolies habitations.

Gurgy, situé dans une belle plaine ; tuilerie, briqueterie, récolte de grains et de vins assez estimés.

Canton de Toucy.

TOUCY, joli petit village sur l'Ouanne ; commerce de grains et de fourrage ; foires et marchés considérables ; filatures, tuileries, tanneries, fours à chaux.

Pourrain, pays très-pittoresque planté de châtaigniers ; on y extrait beaucoup d'ocre pour le commerce.

Diges, contrée boisée, sol sabloneux ; récolte de châtaignes ; tuileries et briqueteries importantes.

Leugny, sur l'Ouanne, joli bourg qui a des foires assez renommées ; carrières de pierres, tuileries.

Egléný, dans la vallée du Tholon, remarquable par sa fertilité en grains, en fourrages ; jardins potagers.

Canton de Vermenton.

VERMENTON, sur la Cure, avec un port pour le flottage des bois ; grand commerce de vins, bon vignoble.

Arcy-sur-Cure, connu pour ses grottes curieuses; port pour le flottage; contrée vignoble, beau château.

Cravant, au confluent de la Cure et de l'Yonne, jadis place forte, défendue en 1423 par le maréchal de Chastellux, au service du duc de Bourgogne.

Mailly-la-Ville, séparée en deux par l'Yonne; produits divers en grains, vins, fruits; carrières de pierres.

Bazarnes, bon pays agricole, jadis réputé pour ses excellents pâtés *Grandjean ;* église assez jolie.

Sacy, pays vignoble où naquit, en 1734, *Restif de la Bretonne*, écrivain fécond, mais de mauvais goût.

ARRONDISSEMENT DE JOIGNY.

L'arrondissement de Joigny renferme un territoire dont l'aspect est aussi varié que les produits. Ici ce sont de magnifiques vignobles qui couronnent les montagnes; là, de riches prairies, des plaines fertiles qui fournissent d'abondantes récoltes. Plus loin, ce sont de vastes plateaux plantés d'arbres à cidre, qui n'en donnent pas moins quantité de céréales. Ailleurs, ce sont des vallées humides, marécageuses, baignées d'étangs, qui contiennent de beaux bois et de gras pâturages.

Les vins, le cidre, le raisiné, les grains, les fourrages, les bois et les charbons forment les principales productions et les principaux objets de commerce de cet arrondissement. On y trouve, en outre, beaucoup de fourneaux à chaux, beaucoup d'usines pour la fabrication de la tuile et de la brique. La navigation du canal et le flottage de l'Yonne y forment un genre d'industrie qui occupe un grand nombre de bras.

Principales communes.—Les principales communes de l'arrondissement de Joigny sont :

Canton de Joigny.

Joigny, popul. 6,400 habitants, sur le chemin de fer. Cette ville est située sur le penchant d'un côteau baigné par l'Yonne et entourée d'un beau vignoble. Les rues y sont obscures, étroites, escarpées. On y remarque le quai de la caserne de cavalerie. Les vins, les grains, les bois, les charbons, les fourrages sont les pricipales productions et les principaux objets de commerce de ce pays.

Cézy, dans une plaine riche baignée par l'Yonne et entourée par des collines vignobles; commerce de vins.

Saint-Cydroine, à l'embouchure du canal de Bourgogne dans l'Yonne ; beau village auquel se rattache :

Laroche, station importante du chemin de fer de Lyon, à l'embranchement de la ligne sur Auxerre; fabrique de ciment et de chaux hydraulique.

Champlay, sur une colline, au milieu d'un bon vignoble; on y voit les vestiges d'un vieux château.

Bassou, joli village traversé par la grande route; le sol y est excellent; les vignes y sont bien exposées.

Villecien, au pied d'une côte couverte de vignes, dominée par le magnifique château du *Fey*.

Canton d'Aillant.

Aillant-sur-Tholon, centre d'une riche vallée agricole; marchés considérables de grains, de fourrages, de volailles et de bestiaux; on y voit une magnifique maison d'école de construction récente.

Fleury, véritable jardin qui donne quantité de fruits et de légumes, et qui produit en abondance des vins et des grains de toute espèce; population laborieuse.

Merry-la Vallée, pays couvert de bois, dont la principale industrie consiste dans la fabrication de cercles.

Poilly, où l'on fabrique des toiles de ménage ; récolte de grains, de vins, de chanvre ; patrie de *Pourchot*, ancien recteur de l'Université de Paris.

Villiers-Saint-Benoît, connu pour ses foires aux chevaux ; grande exploitation de bois, de charbons.

Chassy, sur le Tholon, dont le sol riche et bien cultivé fournit de belles récoltes en grains de toute espèce.

Neuilly, village fertile en céréales, en fourrages, qui produit aussi du vin, du chanvre et des noix.

Canton de Bléneau.

BLÉNEAU, centre de grandes exploitations agricoles ; pays commerçant et animé par le transport des marchandises au canal de Briare ; défaite d'Hocquincourt par Condé vengée par Turenne en 1652.

Rogny, gros bourg sur un plateau élevé à la jonction du Loing et du canal de Briare ; port important, entrepôt de bois, de charbons pour la ville de Paris.

Champignelles, sur le ruisseau du même nom, pays de bois et de culture ; on y fait du cidre ; on y élève beaucoup de volailles ; vestiges d'un ancien château.

Saint-Privé, sur le Loing, près d'un vaste étang. Le sol y est riche et fertile ; église fort remarquable.

Canton de Brienon.

BRIENON, jolie petite ville sur l'Armançon, riche en vins, grains, bois, charbons et fourrages ; patrie de l'ingénieur *Jollois*, qui fit partie de l'expédition d'Egypte ; port sur le canal de Bourgogne.

Venizy, assis sur un sol très-fertile, pays vignoble, beaux moulins, fabriques de tuiles ; beau bétail.

Turny, riche en céréales de toutes sortes, où l'on récolte vin et cidre. L'église y est fort belle.

Chailley, près de la forêt d'Othe, abondant en grains, cidre, bois, charbons; belle fontaine, belle prairie.

Champlost, qui produit quantité de grains, de vins et de cidre ; commerce de bois et de fruits.

Bussy-en-Othe, où l'on récolte beaucoup de grains, de cidre; commerce de bestiaux, tuilerie importante.

Canton de Cerisiers.

CERISIERS, connu pour son cidre, son raisiné ; récolte de grains, fabrique de tuiles, de briques.

Arces, dans un joli vallon, pays de cidre et de céréales ; grande exploitation des bois de la forêt d'Othe.

Bœurs, *Vaudeurs*, villages agricoles dont le sol est fertile, quoique couvert d'arbres à cidre.

Fournaudin, dont le terrain bien cultivé produit, outre le cidre, quantité de grains ; contrée boisée.

Cérilly, pays montagneux, riche en grains, bois, fourrages ; bons vins blancs ; restes d'un antique château où naquit le cardinal *Pierre de Bérulle*.

Canton de Charny.

CHARNY, petite ville agréablement située dans la vallée de l'Ouanne ; elle produit cidre, grains, bois, fourrages, osiers ; foires importantes. C'est la patrie du comte *Jollivet*, conseiller d'Etat en 1810.

La Ferté-Loupière, pays jadis fortifié ; ancien chef-lieu de canton près d'une belle forêt ; récolte abondante de cidre et de céréales ; beau château moderne.

Villefranche, beau village sur un sol fertile et coupé de forêts ; récolte de cidre, commerce de bestiaux.

Grandchamps, sur l'Ouanne, riche en grains, cidre, fourrages, bois et charbons ; nombreux bestiaux.

Prunoy, entouré de forêts et d'étangs, qui produit du grain et du cidre ; près de là est le beau château qui appartient à la famille du duc de Fezensac.

Malicorne, territoire riche en bois, où se trouve le château de Hautefeuille, habité par la famille Séguier, qui est en vénération dans cette commune.

Canton de Saint-Fargeau.

SAINT-FARGEAU, sur le Loing, pays essentiellement agricole, patrie de *Regnault de Saint-Jean-d'Angely*, secrétaire d'Etat et comte du premier empire.

Mézilles, beau village dans un riche vallon, au milieu d'une contrée boisée; fabrique de tuiles et briques.

Fontaines, assis sur le sommet d'un coteau fertile et boisé, dans une situation pittoresque; arbres à fruits.

Lavau, pays commerçant, animé par le transport des bois, des charbons au canal de Briare.

Canton de Saint-Julien-du-Sault.

SAINT-JULIEN-DU-SAULT, resserré entre de riches collines couvertes d'un magnifique vignoble. L'église est remarquable; commerce de vin et de cuirs.

La Celle Saint-Cyr, beau village qui produit vins, grains et bois; tuileries et briqueteries estimées.

Précy, dans la vallée du Vrin, entouré de prairies et de collines d'une grande fertilité; bon et riche pays.

Sépeaux, qui possède un vaste étang et produit du bois et quelques céréales; bonnes foires aux bestiaux.

Saint-Loup-d'Ordon, pays boisé, au sol humide et froid, d'une culture difficile et assez peu productive.

Canton de Villeneuve-sur-Yonne.

VILLENEUVE-SUR-YONNE, au pied d'un riche vignoble, petite ville importante par son commerce et ses produits en vins, grains, bière, raisiné; il y a plusieurs tanneries, des tuileries et briqueteries estimées; on y admire l'église et les promenades. On y voit des restes d'anciennes fortifications, une vieille tour et des fossés d'enceinte convertis en jardins.

Dixmont, centre de hameaux disséminés ; il produit du grain, du bois, du cidre, des pâturages et possède plusieurs tuileries et fours à chaux.

Piffonds, grand village qui récolte beaucoup de grains et de fruits ; on y fait du cidre et du raisiné.

Chaumot, sur un plateau élevé, riche pays agricole qui produit de bons fruits et d'excellent cidre.

Rousson, sur la pente d'un petit vallon fertile en vins, en grains et en foins de bonne qualité.

ARRONDISSEMENT DE SENS.

L'arrondissement de Sens offre un pays varié et accidenté ; des coteaux vignobles, des montagnes boisées, des plaines, des vallées fertilisées par l'Yonne et la Vanne. Il produit en abondance des grains et du fourrage, du vin, du cidre, du raisiné, des bois, des charbons, des laines et du chanvre. On y trouve des tourbières, des carrières de craie et de pierre, surtout quantité de tuileries et de briqueteries.

Principales communes. — Les principales communes de cet arrondissement sont :

Cantons de Sens.

Sens, pop. 11,514 habitants, sur le chemin de fer, ville ancienne au confluent de la Vanne et de l'Yonne ; siége d'un archevêché. On y remarque la cathédrale, le palais synodal et le lycée. Cette ville commerce en vins, grains, farines, laines, bois et charbons ; elle possède des tanneries, des brasseries, une fabrique de boutons, de rasoirs. Elle est entourée de promenades délicieuses. C'est la patrie de *Bourrienne*, secrétaire intime de Bonaparte.

Véron, commune riche et bien bâtie, sol fertile et parfaitement cultivé ; bon vignoble ; fontaine pétrifiante des plus curieuses, dite fontaine de saint *Gorgon*.

Mâlay-le-Vicomte, sur la Vanne, pays d'une rare fertilité, renommé pour ses fruits qui sont très-recherchés sur les marchés de Paris.

Soucy, dans un fertile vallon dominé par des collines boisées ; carrières de craie ; patrie de *Jean Cousin*, surnommé le Michel-Ange français, mort en 1589.

Saint-Clément, aux portes de Sens, dans une riche plaine qui produit vins, grains et bons légumes.

Noé, avec une mauvaise prairie, arrosée par la Vanne; excellent cidre au hameau des *Hauberts*.

Vaumort, resserré entre des montagnes boisées ; sol fertile ; fabrique de charbon et chaux ; assez bon vin.

Maillot, connu pour sa riche culture et par ses magnifiques produits agricoles ; beau moulin sur la Vanne.

Egriselles-le-Bocage, sur un plateau fertile et bien boisé ; bon cidre, fabrique de tuiles et de briques.

Marsangis, au fond d'un vallon, entouré de collines vignobles couronnées de forêts ; belles prairies.

Gron, *Etigny*, riches pays agricoles qui possèdent aussi un vignoble très-estimé ; belle école à Etigny.

Paron, *Collemiers*, environnés de coteaux qui produisent les meilleurs vins de la contrée.

Nailly, *Saint-Martin*, communes essentiellement vignobles qui donnent des vins assez recherchés.

Canton de Chéroy.

CHÉROY, connu pour ses foires aux chevaux, ses marchés à la volaille. Patrie de l'agronome *Despommiers*, administrateur du département en 1790.

Saint-Valérien, riche commune, appelée par sa situation à devenir de plus en plus importante.

Vallery, dont l'église renferme les restes de la famille Condé et le mausolée du général comte *La Ferrière.*

Villebougis, pays de culture et de forêts ; nombreuses fabriques de tuiles et de briques fort estimées.

Brannay qui possède de bonnes tuileries ; on y voit un riche établissement agricole ; jolie habitation.

Dollot, dans la vallée de l'Orvanne, village bien construit, assez fertile en céréales et en fruits à cidre.

Domats, entouré d'étangs et de forêts ; terres froides, on y fait d'excellent cidre ; exploitation de bois.

Canton de Pont-sur-Yonne.

PONT-SUR-YONNE, qui produit vins et grains ; grande fabrication de tuiles et de briques ; jolie église.

Villeneuve-la Guyard, gros bourg bien bâti et situé dans une fort jolie position ; marchés importants.

Champigny, gros et beau village sur le revers d'un coteau d'une fertilité remarquable ; bonnes carrières.

Villeblevin, *Villethierry*, deux des plus beaux et des plus fertiles pays du canton ; population très-aisée.

Michery, *Gizy-les-Nobles*, communes des plus riches ; excellents produits agricoles ; près de là est le hameau de *Lapommeraie*, ancienne abbaye célèbre.

Saint-Sérotin, situé sur un plateau fertile et boisé, connu pour ses briqueteries et ses tuileries.

Canton de Sergines.

SERGINES, au fond d'une gorge étroite ; terres crayeuses assez productives ; commerce de bestianx.

Vinneuf, *Courlon*, grands et beaux villages au sol riche et bien cultivé, coupés par une longue rue.

Serbonnes, pays fertile, où naquit *Jacques Clément*, l'assassin d'Henri III ; belles maisons de campagne.

Fleurigny, *Saint-Martin*, dans la petite vallée de l'Oreuse, qu'entourent de belles collines boisées.

Saint-Maurice-aux-Riches-Hommes, où on travaille à la culture et à la fabrication de la bonneterie.

Canton de Villeneuve-l'Archevêque.

VILLENEUVE-L'ARCHEVÊQUE, jolie petite ville, dans une riche plaine arrosée par la Vanne, commerce de grains, de laines, chanvre, volailles; forts marchés.

Courgenay, village assez fertile : près de là est le domaine de *Vauluisant*, ancienne abbaye célèbre.

Foissy, *Chigy*, sur la Vanne, qui produisent des grains, du chanvre et d'assez mauvais foin.

Pont-sur-Vanne, *Theil*, sur un sol tourbeux assez productif où le chanvre surtout réussit parfaitement.

Thorigny, joli petit bourg avec une ancienne église bien décorée sous laquelle l'Oreuse prend naissance.

Villiers-Louis, au fond d'un joli vallon où on vient de découvrir une source assez abondante pour alimenter le pays; tuilerie donnant de bons produits.

Les Siéges, beau village, riche en bois et en produits agricoles de toute espèce; on y voit une magnifique maison d'école pour les jeunes filles.

Voisines, resserrée entre deux collines, commune des plus populeuses du canton, mais peu aisée; fabrique de tuiles et de briques; sol maigre, crayeux.

ARRONDISSEMENT DE TONNERRE.

L'arrondissement de Tonnerre est très-accidenté. Sur les bords du Serein et de l'Armançon s'étendent des plaines d'une rare fertilité, limitées par de riches coteaux vignobles. Ce pays produit des vins estimés, des bois, des charbons et des grains en abondance. On y trouve des forges, des hauts-fourneaux, de belles carrières de pierres de taille, des usines pour la fabri cation de la tuile, de la fabrique et de la chaux. Le canal et le chemin de fer qui traversent cet arrondissement contribuent puissamment à y développer le commerce et l'industrie.

Principales communes.— Les principales communes qu'il renferme sont :

Canton de Tonnerre.

Tonnerre, pop. 5,332 habitants, sur l'Armançon, le canal de Bourgogne et le chemin de fer, entouré de riches coteaux qui produisent les vins délicieux connus sous le nom de *vins de Tonnerre*. Cette ville commerce en grains, vins, bois et charbons; elle possède des carrières de pierres, des scieries hydrauliques et quelques tanneries. On y remarque la belle fontaine dite *Fosse-Dionne*, l'hôpital fondé par Marguerite de Bourgogne, reine de Sicile, dont le tombeau est dans la chapelle de cet établissement, où l'on voit aussi un beau mausolée élevé en l'honneur de Louvois, ministre de Louis XV, mort en 1791. Ce pays a vu naître le chevalier *Déon*, si célèbre sous Louis XV.

Dannemoine, près du canal de Bourgogne, grand village bien exposé qui donne des vins très-estimés.

Epineuil, joli village renommé pour ses bons vins, qui passent pour être les meilleurs du Tonnerrois.

Molosme, environné de coteaux élevés qui produisent des vins délicieux et de bonne garde.

Viviers, dans un vallon, pays de moyenne culture, dont les vins blancs sont généralement recherchés.

Cheney, dont les vins rouges rivalisent avec ceux des premiers crus de la Haute-Bourgogne.

Fléys, traversé par le ruisseau du même nom; on y voit un château assez remarquable; bons vins blancs.

Yrouerre, sur la route Tonnerre à Avallon; minerai de fer, terrain maigre, carrières de pierres.

Canton d'Ancy-le-Franc.

ANCY-LE-FRANC, sur le chemin de fer, chef-lieu d'un riche canton agricole, baigné par l'Armançon. Commerce en grains, bois et fers; un haut-fourneau et une forge anglaise y occupent quantité d'ouvriers; magnifique château; vaste parc, jardins délicieux.

Ravières, entrepôt de minerai, houille et charbons, pour les usines d'Ancy-le-Franc et d'Aisy. C'est là qu'est né le célèbre fondeur *Brézin*, à qui on doit la superbe colonne de la place Vendôme.

Aisy, sur l'Armançon, le canal de Bourgogne et le chemin de fer; forge et hauts-fourneaux importants.

Lézinnes, *Pacy*, qui possèdent plusieurs carrières de pierres dures pour dallage et pour carreaux.

Argenteuil, village très-fertile sur l'Armançon, où fonctionne une scierie pour les pierres de taille.

Argentenay qui possède une belle scierie à pierres pour les carrières de Lézinnes et de Pacy.

Cry, qui a une belle carrière; près de là sont les ruines imposantes de l'ancien château de Rochefort.

Canton de Cruzy.

CRUZY, près d'une belle forêt; sol maigre et peu fertile; raves estimées; assez bonnes truffes.

Tanlay, joli village près du chemin de fer; il produit du vin et du grain; beau château avec un riche parc.

Arthonnay, gros bourg dont le sol est riche; bonnes foires aux bestiaux; patrie du spirituel *Duval*, bibliothécaire de l'empereur d'Autriche François Ier.

Saint-Vinnemer, au milieu d'une plaine très-fertile, belles carrières de pierre blanche; jolie maison d'école

Commissey, sur l'Armançon; sol des plus fertiles on y voit de beaux moulins; commerce de farine.

Villon, sur un plateau élevé, incendié en 1844; joli clocher récemment édifié sur les dessins de M. Amé.

Canton de Flogny.

Flogny, dans la vallée de l'Armançon; joli bourg riche en vins, en grains et fourrages. On a découvert près de là les traces d'un ancien camp romain.

Neuvy-Sautour, sur une sorte de plateau entouré d'un bon vignoble et d'un excellent territoire.

Sormery, près de la forêt d'Othe; terres assez productives et plantées d'arbres à cidre; fabrique de chaux.

Soumaintrain, sur l'Armançon, renommé pour ses bons fromages qui sont très-recherchés.

Beugnon, pays bien cultivé et d'un bon rapport : il y a de bonnes carrières de moellons et de pavés.

Villiers-Vineux, qui possède une carrière de pierres de taille estimées qu'on exporte à Paris.

Canton de Noyers.

Noyers, sur le Serein, petite ville jadis fortifiée. Les terres y sont bien cultivées, on y fait beaucoup de vin; belle prairie; on y voit les ruines d'anciens châteaux qui dominaient le pays. C'est la patrie de *J.-P. Duret*, inspecteur général des finances en 1810, *J.-B. Maurice*, qui de simple artisan est devenu un ingénieur géographe des plus distingués.

Nitry, gros village essentiellement agricole, qui produit quantité de céréales de toutes espèces.

Annay-sur-Serein, pays riche et fertile; vignes, terres et prairies d'un excellent produit.

Châtel-Gérard, près d'une forêt où se trouvent de bonnes truffes; fabrique de faïence assez estimée.

Grimault, qui possède une belle carrière de pierres de taille; scierie hydraulique sur le Serein.

Jouancy, avec un vieux château sur le sommet d'une montagne élevée, dans un site très-pittoresque.

Moulins, petit village fertile où l'on fabrique divers instruments propres à l'agriculture.

Poilly, dans la vallée du Serein, pays vignoble et fertile en grains ; beaux moulins ; commerce de vins.

DIVISIONS ADMINISTRATIVES.

Administration départementale. — Le département de l'Yonne, comme tout autre, est administré par un préfet qui réside au chef-lieu et qui est représenté dans chaque arrondissement par un sous-préfet. Il y a, en outre, dans chaque commune, un maire qui relève de l'autorité préfectorale et qui administre avec le concours d'un conseil municipal nommé par les habitants.

De plus, un Conseil général, composé de trente-sept membres représentant chaque canton, se réunit deux fois par an en session ordinaire pour s'occuper des grands intérêts du département, de même qu'un Conseil d'arrondissement s'assemble au chef-lieu de chaque sous-préfecture pour prendre ou proposer des mesures d'utilité publique.

Administration judiciaire. — Ce département, pour l'administration de la justice, dépend de la cour d'appel de Paris. Il y a au chef-lieu une Cour d'assises qui siége quatre fois par an, et, dans chaque arrondissement, un Tribunal civil. Chaque canton a, en outre, une Justice de paix.

Administration militaire. — Il fait partie de la 5e région militaire dont le quartier général est à Orléans, et de la 6e légion de gendarmerie qui comprend les départements du Loiret, de Seine-et-Marne, de l'Yonne et de Loir-et-Cher. Il y a à Auxerre un corps d'infanterrie, à Joigny deux quatiers de cavalerie, à Sens un bataillon avec un dépôt, et une brigade de gendarmerie dans chaque canton.

Administration ecclésiastique. — Le département de l'Yonne forme le *Diocèse* ou *Archevêché* de Sens, dont l'Archevêque a pour suffragants les évêques de Troyes, de Nevers et de Moulins.

Administration universitaire. — Sous le rapport de l'instruction publique, l'Yonne dépend de l'Académie de Dijon, qui comprend cinq départements : la Côte-d'Or, l'Aube, l'Yonne, la Nièvre et la Haute-Marne.

L'instruction secondaire possède, indépendamment de plusieurs établissements libres, le lycée de Sens, les collèges d'Auxerre, d'Avallon, de Joigny et de Tonnerre.

L'instruction primaire, outre les deux écoles normales destinées à former les instituteurs et les institutrices, compte dans le département 832 écoles dont 717 publiques et 115 libres.

Sur les 717 écoles publiques, 250 sont spéciales aux garçons, 207 aux filles et 260 sont mixtes. 623 sont payantes et 104 gratuites.

Les 115 écoles libres se divisent en 18 spéciales pour les garçons et 97 pour les filles.

Le nombre des élèves qui ont fréquenté ces divers établissements en 1874 est de 63,232, savoir : 31,714 garçons et 31,518 filles.

Il y a de plus 40 salles d'asile, 23 publiques et 17 libres qui réunissent en moyenne 2,410 enfants au-dessous de six ans.

TABLE DES MATIERES.

GÉOGRAPHIE GÉNÉRALE.

Département de l'Yonne.

Auxerre, ALBERT GALLOT, imp. de la Préfecture, rue de Paris, 47.

LÉGENDE

Forêts ou Bois de

1	*Fretoy*	13	*Malgouverne*
2	*Thureau du Bard*	14	*Rajeuses*
3	*Pontigny*	15	*Baqueaux*
4	*Brehy*	16	*Launay*
5	*Pue*	17	*Soucy*
6	*Chauffour*	18	*Varelles*
7	*Ferrières*	19	*Vaulaisant*
8	*Ragny*	20	*Chatel-Gerard*
9	*St Jean*	21	*St Jean*
10	*l'Abesse*	22	*Isles*
11	*Cerisiers*	23	*Cheval*
12	*Courbepine*	24	*Penfil*

chevêque

anne R.

Estissac

St Mards

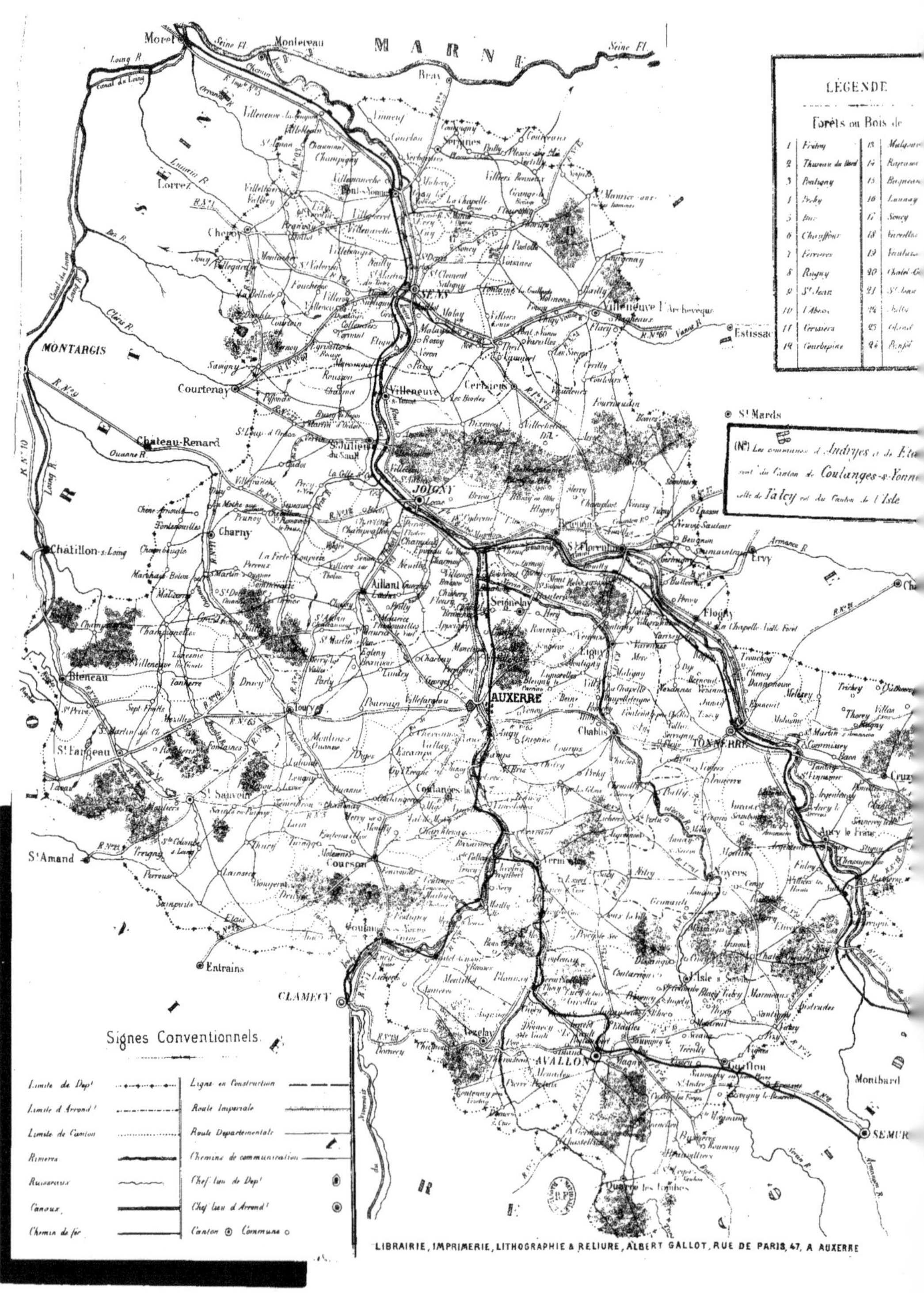
MARNE
Seine Fl.
Moret
Montereau
Bray
Canal du Loing
Loing R.
MONTARGIS
Courtenay
Chateau-Renard
Châtillon-s-Loing
Bleneau
St Fargeau
St Amand
Entrains
CLAMECY
Lorrez
Cheroy
SENS
Pont-s-Yonne
Villeneuve l'Archevêque
Villeneuve
St Julien du Sault
JOIGNY
Charny
Aillant
Toucy
Seignelay
AUXERRE
St Florentin
Ervy
Flogny
Chablis
TONNERRE
Courson
Coulanges-la-V.
Vermenton
Noyers
Cruzy
Ancy le Franc
L'Isle s. Serein
Vezelay
AVALLON
Guillon
Quarré les Tombes
Montbard
SEMUR
Estissac
St Mards
LÉGENDE
Forêts ou Bois de
(N°) Les communes d'Andryes et de Eta... sont du Canton de Coulanges-s-Yonne ... de Talcy est du Canton de l'Isle
Signes Conventionnels.
Limite de Dep.t
Limite d'Arrond.t
Limite de Canton
Rivieres
Ruisseaux
Canaux
Chemin de fer
Ligne en Construction
Route Imperiale
Route Departementale
Chemins de communication
Chef lieu de Dep.t
Chef lieu d'Arrond.t
Canton
Commune
LIBRAIRIE, IMPRIMERIE, LITHOGRAPHIE & RELIURE, ALBERT GALLOT, RUE DE PARIS, 47, A AUXERRE

www.ingramcontent.com/pod-product-compliance
Ingram Content Group UK Ltd.
Pitfield, Milton Keynes, MK11 3LW, UK
UKHW020947180726
13838UKWH00003B/1187